日商簿記 3級

みんなが欲しかった！

やさしすぎる
解き方の本

滝澤ななみ 著

TAC出版

TAC PUBLISHING Group

日商試験は**ネット試験**と**統一試験**（ペーパー試験）の2つの試験方式によって行われています。

ネット試験と統一試験は、試験方式がパソコン上かペーパーかが異なるだけで、問題構成や問題数、レベル、合格の価値（合格基準は100点満点中70点以上）などは同一です。

ネット試験 随時実施

受験者が申し込んだ日時に、申込みをした会場に行って受験します。試験画面に受験者情報を入力すると、試験開始となります。受験者ごとに異なる試験問題（ランダム組み合わせ）が受験者のパソコンに配信され、受験者はパソコン上で解答を入力します。計算用紙は配布されますが、試験終了後に回収されます。

試 験 日	テストセンターが定める日で随時 （ただし、統一試験前後の10日間他、休止期間あり）
試 験 時 間	60分
受 験 料 （税込）	2,850円（別途事務手数料がかかる）
受 験 申 込 み	全国統一申込サイトから 希望受験日時、会場等を指定して申込み **申込サイト** https://cbt-s.com/examinee/examination/jcci.html

統一試験 年3回実施

指定された試験会場に行って受験します。試験方式は紙媒体（ペーパーテスト）で、試験回ごとに全員同一の問題が出題されます。試験終了後、問題用紙、答案用紙、計算用紙は回収されます。

試 験 日	6月第2週、11月第3週、2月第4週の日曜日
試 験 時 間	60分
受 験 料 （税込）	2,850円（別途事務手数料がかかる場合がある）
受 験 申 込 み	試験の約2か月前から申込みの受付開始 申込方法は商工会議所によって異なる

ネット試験、統一試験ともに3級は第1問から第3問の3問構成とされています。各問の配点と、出題が予想される内容は次のとおりです。

第1問

配点▷**45点**

第1問は**仕訳問題**が出題されます。問題数は15問以内とされており、そのうち1問は証ひょうから取引を読み取って仕訳を答える問題が出題されています。

⊕ ネット試験

勘定科目はプルダウン形式で与えられ、1つを選択。金額はテンキーで入力。

第1問

下記の各取引について仕訳しなさい。ただし、勘定科目は、プルダウンの中から最も適当と思われるものを選び、選択すること。なお、消費税については指示がある問題のみ考慮し、各取引は独立しているものとする。

商品￥25,000を売り上げ、代金のうち￥20,000は共通商品券で受け取り、残額は現金で受け取った。

借方科目	金額	貸方科目	金額

埼玉商事は、群馬商事に対する買掛金￥100,000の支払いについて、電子記録債務を用いることとし、同社の承諾を得たうえで、取引銀行を通じて電子記録債務の発生記録を行った。

借方科目	金額	貸方科目	金額

得意先秋田商事から掛け代金の決済として、送金小切手￥100,000が送られてきた。

✏ 統一試験

勘定科目は与えられたものの中から1つを選んで記号を記入。金額は数字を記入。

問題用紙

第1問（45点）
次の取引について仕訳しなさい。ただし、勘定科目は設問ごとにもっとも適当と思われるものを選び、答案用紙の（　）の中に記号で解答すること。なお、消費税は指示がある問題のみ考慮すること。

1. 商品￥840,000を仕入れ、代金のうち￥40,000はあらかじめ支払っていた手付金と相殺し、残額は約束手形を振り出して支払うこととした。
   ア．前受金　　　　　イ．仕入　　　　　　ウ．前払金
   エ．受取手形　　　　オ．支払手形　　　　カ．仮受金

2. 大阪商事に商品￥500,000を売り渡した。代金のうち￥300,000は手付金と相殺し、残額については大阪商事振出しの約束手形を受け取った。なお、当社負担の発送運賃￥15,000については現金で支払った。
   ア．現金　　　　　　イ．受取手形　　　　ウ．売掛金
   エ．前受金　　　　　オ．売上　　　　　　カ．発送費

3. 香川株式会社は、取引銀行より、得意先徳島株式会社に対する売掛金￥220,000について、電子債権記録機関において債権の発生記録が行われた旨の通知を受けた。
   ア．電子記録債務　　イ．クレジット売掛金　ウ．当座預金
   エ．電子記録債権　　オ．売掛金　　　　　カ．未収入金

答案用紙

第1問（45点）

	借　方		貸　方	
	記　号	金　額	記　号	金　額
1	（　）		（　）	
	（　）		（　）	
	（　）		（　）	
2	（　）		（　）	
	（　）		（　）	
	（　）		（　）	
3	（　）		（　）	
	（　）		（　）	
	（　）		（　）	

第2問

第2問は**勘定記入の問題**、**補助簿**に関する問題、**空欄補充問題**などから**2題出題**されます。

ネット試験

該当する項目にチェックしたり、プルダウンによる選択群から語句などを選択。金額はテンキーで入力。

第2問

問1
次の各取引が下記に示されたどの補助簿に記入されるか答えなさい。大分商事は答案用紙に記載している補助簿を用いている。解答にあたっては、該当するすべての補助簿の欄に《チェックマーク》印を付すこと。

[解答欄]

取引	現金出納帳	当座預金出納帳	仕入帳	売上帳	商品有高帳	売掛金元帳	買掛金元帳	受取手形記入帳	支払手形記入帳	固定資産台帳
仕入先佐賀商事に対する掛代金￥300,000について、小切手を振り出して支払った。	☐	☐	☐	☐	☐	☐	☐	☐	☐	☐
備品￥250,000を購入し、代金は後日支払うこととした。なお、設置費用￥3,000は現金で支払った。	☐	☐	☐	☐	☐	☐	☐	☐	☐	☐
鹿児島商事に商品￥60,000を売り上げ、代金のうち￥50,000は鹿児島商事振出の約束手形を受け取り、残額は掛とした。発送運賃￥1,000を現金で支払ったが、これは当社が負担すべきものである。	☐	☐	☐	☐	☐	☐	☐	☐	☐	☐
さきに沖縄商事より掛で仕入れた商品￥5,000について品違いを理由に返品した。なお、代金は掛け代金から減額する。	☐	☐	☐	☐	☐	☐	☐	☐	☐	☐

問2
当社は入金伝票、出金伝票、振替伝票の3つの伝票を用いて取引を記帳している。次の各取引について解答欄に示した伝票の空欄を埋めなさい。なお、一部現金取引は取引を分解して起票する方法によっており、解答欄に勘定科目と金額を入力すること。

統一試験

該当する項目にチェックしたり、選択群から語句を選んで記号を記入、もしくは語句を直接記入。金額は数字を記入。

問題用紙

第2問（20点）

(2) 山梨㈱は、主要簿以外に答案用紙の補助簿を用いている。次に示す1～5の取引がどの補助簿に記入されるか、該当する補助簿の欄にチェックマーク（✓）を記入しなさい。なお、該当しない補助簿の欄には何も記入しないこと。

1. 静岡㈱より商品￥300,000を仕入れ、内金￥30,000を控除した残額のうち、￥105,000は約束手形を振り出し、残額は月末に支払うことにした。
2. 長野㈱に商品￥570,000を売り渡し、代金として同社振り出しの約束手形￥420,000を受け取り、残額は月末に受け取ることにした。なお、そのさい当社負担の発送費￥1,500を現金で支払った。
3. 現金の実際有高が帳簿残高より￥51,000不足していたので、現金過不足勘定で処理していたが、原因を調査したところ、本日、埼玉㈱に対する買掛金支払額￥60,000と、手数料の受取額￥9,000の記帳もれであることが判明した。
4. 東京㈱に対して掛けで売り渡した商品の代金￥600,000を同社振り出しの小切手で受け取った。
5. 神奈川㈱に対して掛けで売り渡した商品のうち一部が品違いであったため￥18,000の返品があった。

答案用紙

(2)

	現　金出納帳	当座預金出納帳	受取手形記入帳	支払手形記入帳	得意先元　帳	仕入先元　帳	仕入帳	売上帳	商　品有高帳
1									
2									
3									
4									
5									

第3問

第3問は**財務諸表や精算表、決算整理後残高試算表を作成する問題**など、**決算に関する問題**が出題されます。

⊕ ネット試験

金額は数字を入力。一部空欄となっている勘定科目は適切な勘定科目や語句をキーボードを使って入力。

第3問（35点）

次の［資料Ⅰ：決算整理前残高試算表］と［資料Ⅱ：決算修正事項］にもとづいて、答案用紙の損益計算書と貸借対照表を完成させなさい。なお、会計期間は20×8年4月1日から20×9年3月31日までの1年である。

［資料Ⅰ：決算整理前残高試算表］

決算整理前残高試算表
20×9年3月31日
（単位：円）

借方	勘定科目	貸方
192,000	現　　　　金	
785,200	当 座 預 金	
230,000	受 取 手 形	
155,000	売　掛　金	
595,000	繰 越 商 品	
800,000	建　　　　物	
300,000	備　　　　品	
	支 払 手 形	180,000
	買　掛　金	107,500
	借　入　金	250,000
	仮　受　金	20,000
	貸 倒 引 当 金	6,800
	建物減価償却累計額	432,000
	備品減価償却累計額	72,000
	資　本　金	1,000,000
	繰越利益剰余金	500,000
	売　　　　上	2,972,900
	受 取 手 数 料	8,000
1,786,000	仕　　　　入	
205,000	給　　　　料	

［資料Ⅱ：決算修正事項］

1. 決算において、現金の実際有高を調査したところ、帳簿残高よりも￥6,000少ないことが判明した。このうち￥5,000は広告宣伝費の記帳漏れであることが判明したが、残額は原因不明である。
2. 仮受金のうち￥15,000は得意先からの売掛金の回収額であり、残額は新たな注文にかかる手付金であることが判明した。
3. 受取手形および売掛金の期末残高に対して差額補充法により4%の貸倒引当金を設定する。
4. 期末商品棚卸高は￥635,000である。売上原価は「仕入」の行で計算している。
5. 建物および備品について定額法（建物の残存価額は取得原価の10%、耐用年数は20年、備品の残存価額はゼロ、耐用年数は5年）により減価償却を行う。なお、備品のうち￥120,000は当期の1月1日に購入したもので、減価償却費の計算は上記の条件にもとづき、月割りで行う。
6. 家賃は1か月あたり￥20,000で、毎年3月1日と9月1日に向こう6か月分を前払いしている。
7. 保険料のうち￥15,000を前払計上している。

損 益 計 算 書
20×8年4月1日から20×9年3月31日まで
（単位：円）

費用	金額	収益	金額
売上原価		売上高	
給料		受取手数料	
広告宣伝費			
支払家賃			
保険料			
貸倒引当金繰入			
減価償却費			
雑損			
支払利息			
当期純［科目名］			

貸 借 対 照 表
20×9年3月31日
（単位：円）

資産	金額	負債・純資産	金額

✎ 統一試験

金額は数字を記入。一部空欄となっている勘定科目は適切な勘定科目や語句を記入。

問題用紙

第3問（35点）

次の［資料Ⅰ：決算整理前残高試算表］と［資料Ⅱ：決算修正事項］にもとづいて、答案用紙の損益計算書と貸借対照表を完成させなさい。なお、会計期間は20×8年4月1日から20×9年3月31日までの1年である。

［資料Ⅰ：決算整理前残高試算表］

決算整理前残高試算表
20×9年3月31日

借　方	勘 定 科 目	貸　方
192,000	現　　　　金	
785,200	当 座 預 金	
	受 取 手 形	

答案用紙

損 益 計 算 書
20×8年4月1日から20×9年3月31日まで
（単位：円）

費　　用	金　額	収　　益	金　額
売 上 原 価	（　　　　）	売 上 高	（　　　　）
給　　　料	（　　　　）	受 取 手 数 料	（　　　　）
広 告 宣 伝 費	（　　　　）		
支 払 家 賃	（　　　　）		
保 険 料	（　　　　）		
貸 倒 引 当 金 繰 入	（　　　　）		
減 価 償 却 費	（　　　　）		
雑　　　損	（　　　　）		

ここではネット試験について、入室から退出までの流れ（一般的な流れ）を説明します。なお、画像はイメージなので本番とは少し異なります。

1

テストセンター到着から入室まで

STEP 1　テストセンターに到着したら、受付で身分証明書の提示等を行い、本人確認を行います。

STEP 2　電卓、身分証明書以外の持ち物（腕時計含む）はすべてロッカーに預けます。

STEP 3　試験官から、ログインID・パスワード・注意事項が記載された紙、計算用紙、筆記用具を受け取り、電卓、身分証明書をもってパソコンルームに入室します。

```
注意事項等

ログインID:
××××××××
パスワード:
××××××××
```

計算用紙
2枚

電卓

筆記用具
（ボールペン）

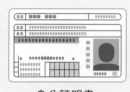

身分証明書

2

入室から試験開始まで

STEP **1**　案内されたパソコンの席に着席します。

STEP **2**　パソコンの画面上に表示されている試験の区分から〔 **日商簿記** 〕を選択します。

STEP **3**　ログインID・パスワードを入力して、自分の名前や受験級を確認します。

STEP **4**　「受験者の連絡・確認事項」を読み、〔 **了解** 〕をクリックします。

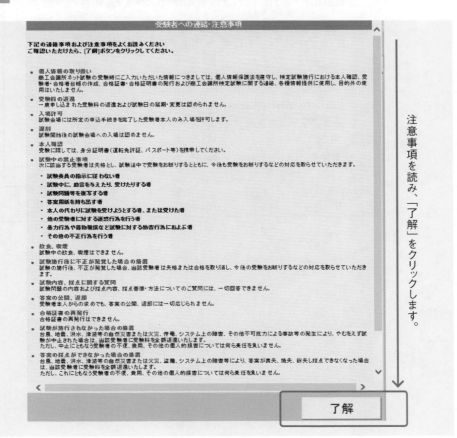

注意事項を読み、「了解」をクリックします。

STEP **5** 「解答にあたっての注意事項」を読み、準備ができたら画面右下の[**試験開始**]をクリックします。

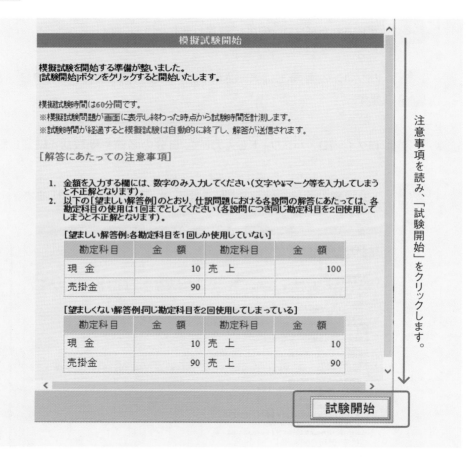

3

試 験 中

STEP **1**

試験開始 をクリックすると、第1問が表示されます。必ずしも第1問から解く必要はありませんが、3級の場合は、第1問⇒第3問⇒第2問の順番に解いていくのがいいでしょう。なお、途中で難しい問題や解きづらい問題が出てきたら、その問題は後回しにするようにしてください。

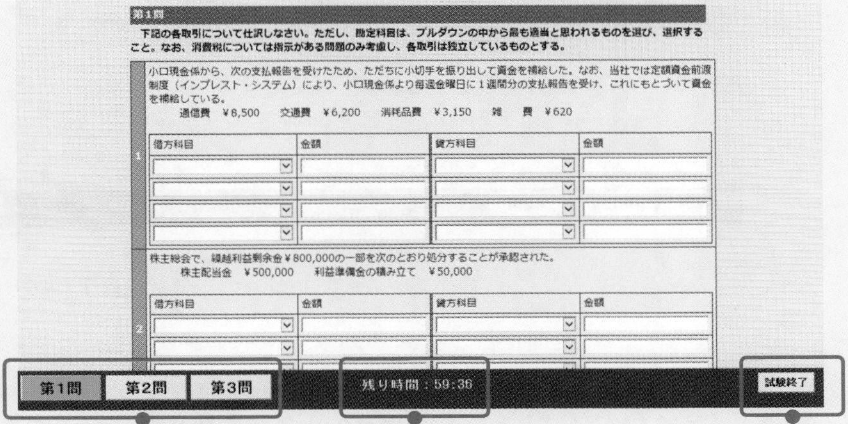

次の問題に進むときは、ここをクリックします。

残りの試験時間が表示されます（3級の試験時間は60分）。

試験終了ボタンです。

勘定科目はプルダウンから選択します。

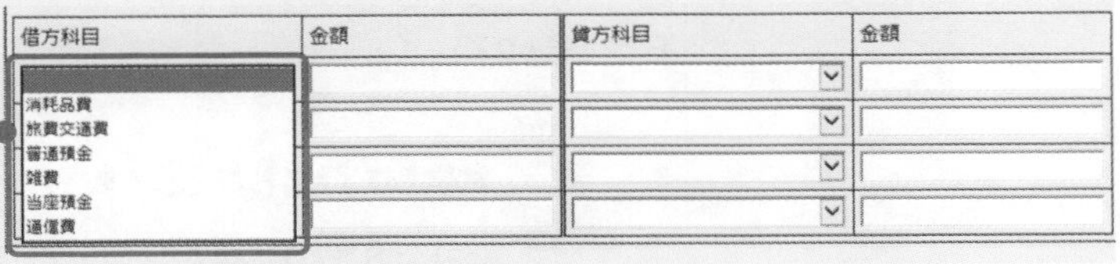

金額はテンキーで入力します。カンマは自動で入力されます。

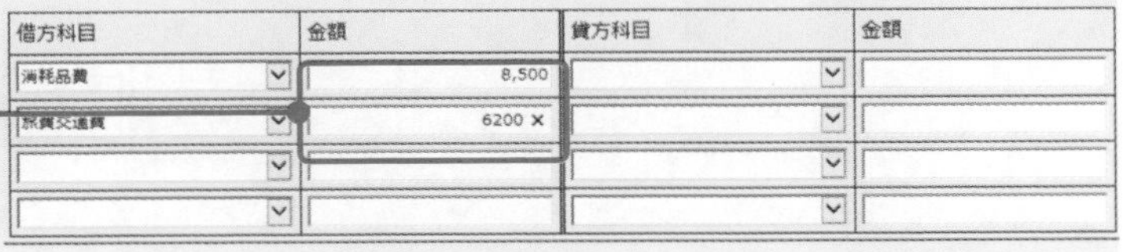

第3問などで、科目名を入力するときは、キーボードで入力します。

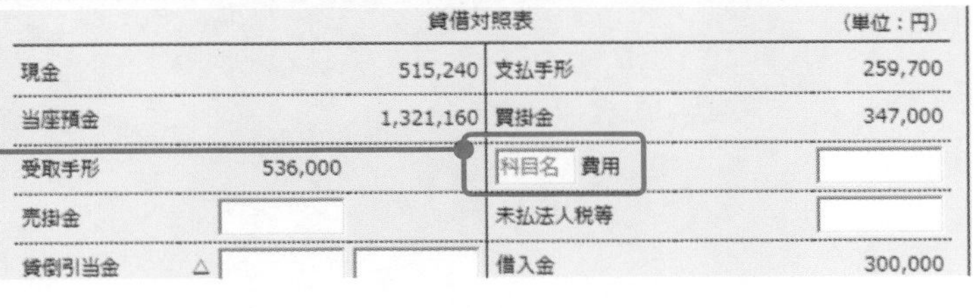

9

STEP **2** すべての問題を解き終え、見直しをしたら、 **試験終了** をクリックします。

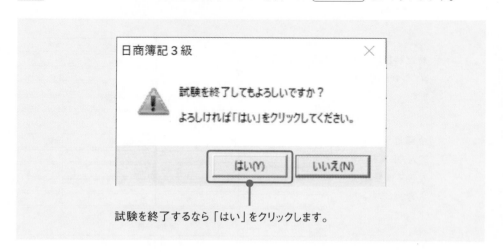

「試験終了」をクリックします。

STEP **3** 「試験を終了してもよろしいですか？」と最終確認が表示されるので、 **はい** を
クリックします。まだ試験を終了しない場合には **いいえ** をクリックします。

試験を終了するなら「はい」をクリックします。

STEP **4**　試験を終了すると、画面に得点と合否が表示されます。

得点と合否が表
示されます。

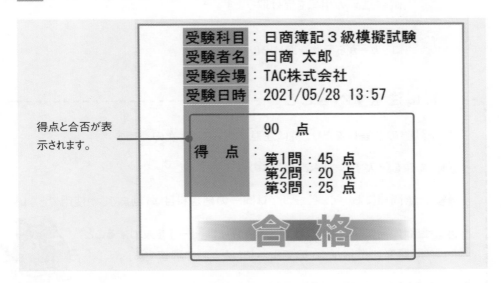

受験科目	： 日商簿記３級模擬試験
受験者名	： 日商 太郎
受験会場	： TAC株式会社
受験日時	： 2021/05/28 13:57

得　点 ：
90　点
第1問：45 点
第2問：20 点
第3問：25 点

合　格

STEP **5**　左下の[結果印刷]をクリックして印刷処理をしたあと、[試験終了]をクリックします。

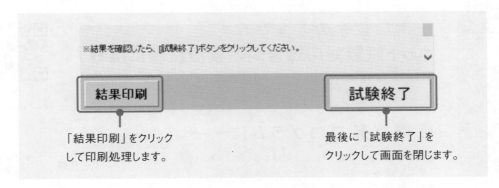

※結果を確認したら、[試験終了]ボタンをクリックしてください。

[結果印刷]　　　　　　　　[試験終了]

「結果印刷」をクリック
して印刷処理します。

最後に「試験終了」を
クリックして画面を閉じます。

STEP **6**　入室時に持ち込んだものを持って退出します。

4

退出後

STEP 1 入室前に受け取った一式（計算用紙、筆記用具等）を返却し、印刷された試験結果の用紙を受け取ります。

STEP 2 ロッカーから荷物を取り出し、帰宅します。

--- 特に注意すべきこと ---

ネット試験の解答にあたり、特に注意すべきことは次の点です。

⚠ 金額を記入すべき欄には数字のみ入力すること

⚠ 仕訳問題において、各設問では同一の勘定科目は1回までしか使用できない

⚠ 金額の前に「△」をつけるべき場合には、「−」を入力すること
（問題文に指示がつくので指示にしたがって解答する）

充実のネット試験演習

滝澤ななみのすすめ!
ネット試験対応練習問題模擬試験に挑戦!
https://takizawananami-susume.jp/boki/question/

模擬試験プログラムにチャレンジしよう!

本書掲載の「実践問題」には、ネット試験本番とまったくおなじ環境（Windows 10、11）でネット試験の演習ができる、模擬試験プログラムが付属しています。
実際にパソコンで解いてみると、下書き用紙の使い方や、日本語入力への切り替えなど、ペーパー試験とは違った工夫が必要なことに気づかれると思います。
ネット試験を受験されるかたは、ぜひこの模擬試験プログラムをダウンロードして、ネット試験を体験してみてください。

※本サービスの提供期間は、本書の改訂版刊行月末日までです。

模擬試験プログラムへのアクセス方法

STEP 1 ［ TAC 出版 ］ 検索

↓

STEP 2 書籍連動ダウンロードサービス にアクセス

↓

STEP 3 パスワードを入力
230310021

↓

＼ Start! ／

はじめに

知識はあるのに合格点がとれない?!

テキストの内容は理解しているし、論点ごとの個別問題も解けるけれど、いざ本試験タイプの問題を解いてみると、どのように解き始めればいいかわからない、時間内に解き終わらない…という方が多くいらっしゃいます。つまり、「知識はあるのに合格点がとれない」のです。

本試験問題が難しいのでしょうか?

実はそうではありません。本試験問題は基本がしっかりとわかっていれば、たとえ多少のケアレスミスをしたとしても、十分に合格点をとることができます。

基礎知識があっても本試験問題（模擬問題）が解けなかったり、難しく感じてしまうのは、問題の資料が多く、また複数の内容がひとつの問題になって出題されるからです。

そこで、このようなテキストレベルの基礎知識から本試験問題に対応できる力（解く力）をつけるため、本書は次のようなくふうをしました。

道しるべにしたがって解けば、自然に解き方が身につく!

本書は、本試験の各出題パターンについて、例題を使って、問題文の読み方や解く手順を「道しるべ」として示し、「道しるべ」にしたがって、みなさんが順を追って解いていけるようにしています。この「道しるべ」にしたがって、一緒に例題を解いていただくことで、自然と問題の解き方、つまり「解く力」が身につくようになっています。

そして、例題で身につけた解き方は、実践問題で試してみてください。

実践問題の答案用紙には、解く手順のガイドを示した下書きシートをつけていますので、解き方が十分に身についていない方は、1度目は下書きシートを活用してみてください。そして、2度目は下書きシートを使わないで、本試験と同様の条件で解いてみましょう。

効率的に合格点をとるために…㊙合格テクニック

本試験問題を解くとき、ちょっとしたテクニックを使うことによって、スピーディーに問題が解け、効率的に合格点をとることができます。そのような本試験問題を解く際の、ちょっとしたテクニックを㊙合格テクニックとして、ふんだんに盛り込みました。

基礎知識もしっかり確認…フィードバック問題

本試験レベルの問題を解くうえで必要な基礎知識を確認できるように、テキストの基本問題レベルの問題をフィードバック問題として収載しています。したがって、本試験レベルの問題を解きながら、関連する基礎知識をしっかり定着させることができるのです。

以上より、本書を活用することによって、簿記3級の基礎知識が定着し、本試験レベルの問題を解く力が身につくことと確信しています。

本書を活用して、みなさまが日商簿記検定に合格され、新たなビジネスの世界へと踏み出すことを心よりお祈り申し上げます。

2023年2月

滝澤ななみ

※本書は、『みんなが欲しかった！ やさしすぎる解き方の本 第4版』につき、最近の出題傾向をふまえて内容を改訂したものです。

本書の効果的な使い方

日商簿記検定合格に必要なのは「基礎知識」＋「合格点獲得力」です。以下の使い方を参考に演習を進めていただければ、どちらもしっかり身につけることができます。

1 例題 を解く

第1問〜第3問まで、本試験で頻出の代表的な問題です。まずは問題を一読して、どのように解くべきか、頭の中でシミュレーションしてみてください。実際に解くことができたら で答え合わせをし、問題がなければ次の例題へ進んでください。

2 解き方の道しるべ で解き方をマスター

例題が解けなかった人、解き方に不安があった人は、「解き方の道しるべ」で目のつけどころや解く手順を確認しましょう。

問題文の読み方や解く手順について、順を追って説明していますので、この道しるべにしたがって問題を解き進めていけば、最後は自然に解答へとたどりつけるようになっています。「途中でつまずいてしまった人」は自分の解き方のどこがまちがっていたのかな？ と考えながら、道しるべをたどって読んでみましょう。「解く手がかりをみつけられなかった人」はここで徹底的に解き方を身につけてください。

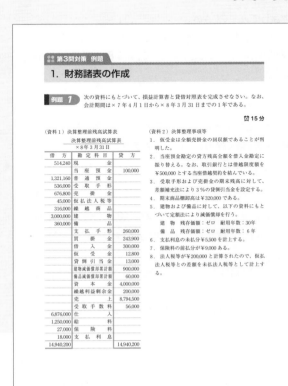

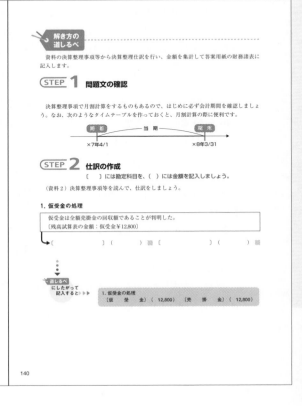

3

実践問題 にチャレンジ！

例題で身につけた解き方を確認するために実践問題に
チャレンジしてください。まだ解き方に不安があるときは解く
手順のガイドを示した「下書きシート」を使って解いて、次
に下書きシートを使用せず、本試験と同様の条件で問題に
チャレンジしてみてください。

TAC出版ホームページ「サイバーブックストア」では答案
用紙のダウンロードサービスを行っていますので、繰り返し
演習してください。

答案用紙の
ダウンロード
サービス

▼

🖥 **サイバーブックストア**
https://bookstore.
tac-school.co.jp/

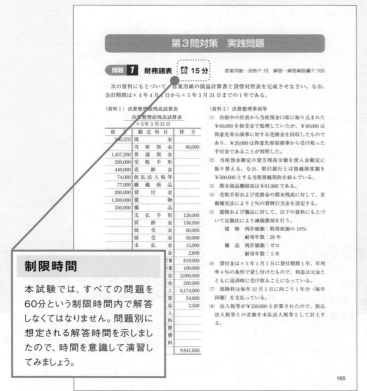

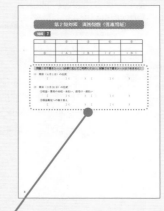

制限時間

本試験では、すべての問題を
60分という制限時間内で解答
しなくてはなりません。問題別に
想定される解答時間を示しまし
たので、時間を意識して演習し
てみましょう。

下書きシート

問題の解答手順、考え方を下書
きシートとして示しています。はじ
めは下書きシートを使って解き方
を確認し、最後は下書きシートが
なくても解けるようになるまで演
習を繰り返してください。

※本試験では何も書いてない下書き用
紙（計算用紙）が配付されます。

本書の効果的な使い方【マークの解説】

出題パターン別・解き方の総まとめです。問題を解く前に確認したり、本試験に行く途中で解き方の最終チェックをしたり、活用してください。

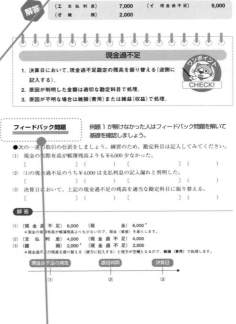

これ、だいじょうぶ？

本試験レベルの問題を解くうえで、必要な基礎知識をまとめています。問題の前提となっている知識がわかりにくい方は、ここを読んで確認してください。

フィードバック問題

関連する基礎知識についての問題です。フィードバック問題を解いて体系的に論点を理解しましょう。

証ひょうからの読み取り

証ひょうから仕訳を答える問題が出題されることがあります。証ひょうの内容を確認し、仕訳を考えてみましょう。

証ひょうからの読み取り 証ひょうから取引を読み取って、仕訳をしてみましょう。

● 次の取引の仕訳をしましょう。練習のため、勘定科目は記入してください。
当社（株式会社ゴエモン商事）は、クロキチ雑貨株式会社より商品を仕入れ、商品とともに次の納品書兼請求書を受け取った。なお、クロキチ雑貨株式会社は商品を発送した際に、株式会社ゴエモン商事に請求した額と同額の発送費を現金で支払っている。

〔　　　〕（　　　）〔　　　〕（　　　）

納品書兼請求書
株式会社ゴエモン商事 御中

クロキチ雑貨株式会社

商品	数量	単価	金額
写真立て	50	500	25,000
送料	—	—	1,000
合　計			¥26,000

支払期限：6月30日
振込先：東西銀行足立支店 普通 1122334 クロキチザッカ（カ

解答

（仕　入）*1 26,000 （買 掛 金）*2 26,000

＊1 納品書兼請求書に送料の記載がある（当社負担の仕入諸掛りである）ため、送料も仕入（費用）に含めて処理します。
＊2 代金の支払いは後日（支払期限：6月30日）なので、買掛金（負債）で処理します。

17

解き方の道しるべ

資料の決算整理事項等から決算整理仕訳をして、答案用紙の精算表に金額や勘定科目を記入します。

STEP 1 問題文の確認

決算整理事項で月割計算をするものもあるので、はじめに必ず会計期間を確認しましょう。

期首　　当期　　期末
×4年4/1　　×5年3/31

STEP 2 決算整理仕訳と精算表の記入

〔　　　〕には勘定科目を、（　　　）には金額を記入しましょう。

決算整理事項を読んで決算整理仕訳をしたあと、精算表に記入してみましょう。

クロキチの㊙合格テクニック　精算表はひとつずつ、ヨコにうめていこう！

精算表では、通常、修正記入欄には配点がありません。したがって、すべての決算整理事項について修正記入欄に記入してから損益計算書欄や貸借対照表欄に記入していく方法だと、万一、途中で試験時間が終了した場合、たとえ修正記入欄の記入（決算整理仕訳）が正しくても、損益計算書欄や貸借対照表欄に記入がされていないと得点はもらえません。

そこで、ひとつの決算整理事項の決算整理仕訳をして、修正記入欄を記入したら、そのまま損益計算書欄や貸借対照表欄まで記入してしまいましょう。そうすれば、途中で時間切れとなっても、記入した箇所だけ得点することができます。

通常、修正記入欄には配点はありません。また、残高試算表の金額をそのまま記入する箇所にも配点はありません。　通常、損益計算書欄または貸借対照表欄に配点があります。

勘定科目	残高試算表 借方	貸方	修正記入 借方	貸方	損益計算書 借方	貸方	貸借対照表 借方	貸方
受取手形	35,000						35,000	
売掛金	26,700			2,000			24,700	
貸倒引当金		300		1,491				1,791
貸倒引当金繰入			1,491		1,491			

154

クロキチの㊙合格テクニック

ミスなく速く解くために、本試験で役立つ情報が詰まっています。このテクニックをマスターして、ほかの受験生の一歩も二歩も先をいきましょう！

目　　次

答案用紙

答案用紙　　　　　別冊

答案用紙の
ダウンロードサービス

サイバーブックストア
https://bookstore.
tac-school.co.jp/

第1問対策

第1問では、仕訳問題が15題出題されます。
使用できる勘定科目が指定され、統一試験では記号で解答、ネット試験ではプルダウンから選択します。
第1問でよく出題される問題は次の28題ですので、この28題について例題を使って確認しておきましょう。

> ………第1問でよく出題される問題…………
> ①現金過不足、②小口現金、③手形の受け取り、④手形の振り出し、⑤返品、⑥仕入諸掛り、⑦売上諸掛り、⑧有形固定資産の購入、⑨有形固定資産の売却、⑩仮払金、⑪仮受金、⑫前払金・前受金、⑬借入金・貸付金、⑭給料の支払いと預り金、⑮貸倒れ、⑯クレジット売掛金、⑰電子記録債権（債務）、⑱差入保証金、⑲受取商品券、⑳法定福利費、㉑当座借越勘定への振り替え、㉒貯蔵品勘定への振り替え、㉓株式の発行、㉔剰余金の配当、㉕消費税、㉖法人税等、㉗決算振替仕訳、㉘訂正仕訳

1. 現金過不足

例題 1 次の取引について仕訳しなさい。ただし、勘定科目は次の中からもっとも適当と思われるものを選び、記号で解答すること。

ア．現金　　イ．現金過不足　　ウ．雑益　　エ．支払利息　　オ．雑損

現金の実際有高が帳簿残高より少なかったため、現金過不足勘定で処理されていた¥9,000のうち、¥7,000は支払利息の記入漏れであることが決算日にいたり判明した。残額については不明のため、適当な勘定科目に振り替えることにした。

借　　　方		貸　　　方	
記　　号	金　　　額	記　　号	金　　　額
（　　　　）		（　　　　）	
（　　　　）		（　　　　）	

答案用紙に記入したら、CHECK!

・解けた人 ➡ 次の 例題 へ
・解けなかった人 ➡ 解き方の道しるべ へ！

解き方の道しるべ

現金過不足の決算日の処理を答える問題です。

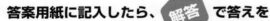

現金過不足の発生　　　　　　　　　　　　　　　決算日

実際有高＜帳簿残高

・原因が判明（支払利息の記入漏れ）
・原因不明分の処理は？

現金過不足が発生したとき、

（現　金　過　不　足）　　9,000　　（現　　　金）　　9,000

と仕訳しています。そこで、決算日において、借方に計上している現金過不足を取り消し（貸方に記入し）、原因が判明した金額（¥7,000）は適切な勘定科目（この例題では**支払利息**）で処理します。

また、原因不明の現金過不足は**雑損（費用）**または**雑益（収益）**で処理します。この例題では貸借差額が借方に生じるので、**雑損（費用）**で処理します。

解答

（エ　支　払　利　息）	7,000	（イ　現 金 過 不 足）	9,000
（オ　雑　　　　損）	2,000		

現金過不足

1. 決算日において、現金過不足勘定の残高を振り替える（逆側に記入する）。
2. 原因が判明した金額は適切な勘定科目で処理。
3. 原因が不明な場合は雑損（費用）または雑益（収益）で処理。

フィードバック問題

例題1が解けなかった人はフィードバック問題を解いて基礎を確認しましょう。

●次の一連の取引の仕訳をしましょう。練習のため、勘定科目は記入してみてください。
(1) 現金の実際有高が帳簿残高よりも¥6,000少なかった。

　　〔　　　　　　　　〕（　　　　　）〔　　　　　　　　　　〕（　　　　　　　）

(2) (1)の現金過不足のうち¥4,000は支払利息の記入漏れと判明した。

　　〔　　　　　　　　〕（　　　　　）〔　　　　　　　　　　〕（　　　　　　　）

(3) 決算日において、上記の現金過不足の残高を適当な勘定科目に振り替える。

　　〔　　　　　　　　〕（　　　　　）〔　　　　　　　　　　〕（　　　　　　　）

解答

(1) （現 金 過 不 足） 6,000 　　（現　　　　　金） 6,000 *
　　＊現金の実際有高が帳簿残高よりも少ないので、現金（資産）を減らします。
(2) （支　払　利　息） 4,000 　　（現 金 過 不 足） 4,000
(3) （雑　　　　　損） 2,000 * 　　（現 金 過 不 足） 2,000
　　＊現金過不足の残高を振り替える（貸方に記入する）と借方が空欄となるので、**雑損（費用）** で処理します。

第 1 問の解答方法

統一試験の場合

・勘定科目は指定されたものの中から選び、記号を解答欄の（　）に記入する。

・金額は数字を記入する。

ネット試験の場合

・勘定科目はプルダウンから選択する。

・金額はテンキーを使って数字を入力する。

仕訳の解答上のルール

・勘定科目の使用は、各設問で借方・貸方の中でそれぞれ1回まで（各設問につき同じ勘定科目を借方・貸方の中で2回以上使用してしまうと不正解となる）。

正解となる仕訳

（仕　　　　入）	1,100	（買　掛　金）	1,000
		（現　　　金）	100

不正解となる仕訳

（仕　　　　入）	1,000	（買　掛　金）	1,000
（仕　　　　入）	100	（現　　　金）	100

仕訳を埋める順番〜統一試験編〜

統一試験では、勘定科目について、答案用紙に記号で解答します。そのため、勘定科目から先に埋めて、あとから金額を記入しようとすると、勘定科目は記号しか記載されていないので、どの勘定科目に対応する金額だったのか、いちいち確認しなければなりません。

> 先に勘定科目の記号だけ書いてあとから金額を埋めようとすると、どこにその金額を記入すべきかわかりづらくなります。

✕

借 方		貸 方	
記 号	金 額	記 号	金 額
（ エ ）		（ イ ）	
（ オ ）		（ ）	

そこで、統一試験の場合には、勘定科目の記号と対応する金額をいっしょに記入するようにしてください。このとき、「勘定科目の記号→金額」という埋め方よりも、「金額→勘定科目の記号」の順に埋めるほうがラクに解答できると思います。

たとえば、例題1で「現金過不足勘定で処理されていた¥9,000のうち、¥7,000は支払利息の記入漏れであることが…判明した」とあったら、まず「（借方）支払利息7,000」となりますよね。

このとき、勘定科目の記号から先に埋めようとすると、問題文から勘定科目群に目をうつさないといけなくなります。そうすると、ほんの少しですが目の動きが多くなります。

また、ぱっと見てそれが何かわかりづらいもの（記号「エ」など）が書いてあるところに金額を記入するよりも、パッと見てそれが何かわかるもの（金額「7,000」など）が書いてあるところに、対応する記号を埋めるほうが心理的なストレスが少ないように思えます。

ですから、「金額→勘定科目の記号」の順をおすすめします。

ただし、個人のやりやすさがあると思うので、どのやり方が自分に合うのか、いくつかためしにやってみてくださいね。

　ネット試験では、勘定科目はプルダウンから選択し、金額はテンキーで入力します。プルダウンによって選択した勘定科目はそのまま勘定科目欄に表示されます。

　また、勘定科目はプルダウン（マウス）による操作、金額はテンキーによる操作（入力）となるので、ネット試験の場合には、わかる勘定科目欄から埋め、そのあとに問題を見ながら金額を埋めていくとスムーズに解けます。

1	現金の実際有高が帳簿残高より少なかったため、現金過不足勘定で処理されていた ¥9,000 のうち、¥7,000 は支払利息の記入漏れであることが決算日にいたり判明した。残額については不明のため、適当な勘定科目に振り替えることにした。				
	借方科目	金額	貸方科目	金額
	支払利息　∨		現金過不足∨	
	∨			

①わかっている勘定科目から先に埋めましょう。

　なお、「雑損」または「雑益」、「固定資産売却損」または「固定資産売却益」など、金額を埋めたあとに確定する勘定科目については、金額を埋めたあとに判断して入力します。

1	現金の実際有高が帳簿残高より少なかったため、現金過不足勘定で処理されていた ¥9,000 のうち、¥7,000 は支払利息の記入漏れであることが決算日にいたり判明した。残額については不明のため、適当な勘定科目に振り替えることにした。				
	借方科目	金額	貸方科目	金額
	支払利息　∨	7,000	現金過不足∨	9,000
	雑損　　　∨	2,000		

②金額欄に入力します。

③最後に貸借差額で求める金額や勘定科目を入力します。

　こちらも、いくつかためしてみて、自分がやりやすい方法で解答してくださいね。

2. 小口現金

例題 2　次の取引について仕訳しなさい。ただし、勘定科目は次の中からもっとも適当と思われるものを選び、記号で解答すること。

ア．小口現金　　イ．当座預金　　ウ．小切手　　エ．通信費　　オ．消耗品費

小口現金係から、次のように支払いの報告を受けたため、ただちに小切手を振り出して補給した。なお、当社では定額資金前渡制度を採用しており、小口現金係から毎週金曜日に一週間分の支払報告を受け、これにもとづいて資金を補給している。

通信費　￥4,000　　消耗品費　￥5,000

借　　　　　方		貸　　　　　方	
記　　号	金　　　額	記　　号	金　　　額
（　　　）		（　　　）	
（　　　）		（　　　）	

答案用紙に記入したら、  **で答えを CHECK!**

・解けた人 ➡ 次の　例題　へ
・解けなかった人 ➡ 解き方の道しるべ　へ！

解き方の道しるべ

会計係が小口現金係から支払報告を受けたとき（支払報告と小口現金の補給が同時に行われる場合）の処理を答える問題です。

小口現金は支払報告を受けたときに費用として計上します。また、支払報告と同時に小口現金を小切手で補給しているので、使った分（￥4,000 ＋ ￥5,000 ＝ ￥9,000）だけ、**当座預金（資産）の減少**として処理します。

「小切手」という勘定科目はありません。

 解答

（エ 通　信　費）	4,000	（イ 当 座 預 金）	9,000
（オ 消 耗 品 費）	5,000		

小口現金

1. 小口現金係から支払報告があったときに費用を計上する。
2. 支払報告と補給が同時の場合は、直接、当座預金を減らす。

ワンポイント
CHECK!

フィードバック問題

例題2が解けなかった人はフィードバック問題を解いて基礎を確認しましょう。

●次の一連の取引の仕訳をしましょう。練習のため、勘定科目は記入してみてください。

(1) 定額資金前渡制度を採用し、会計係は小口現金¥1,000を小切手を振り出して前渡しした。

　　〔　　　　　　　〕（　　　　　）〔　　　　　　　〕（　　　　　）

(2) 会計係は小口現金係から次の支払報告を受けた。
　　郵便切手代　¥500　　お茶菓子代　¥400

　　〔　　　　　　　〕（　　　　　）〔　　　　　　　〕（　　　　　）
　　〔　　　　　　　〕（　　　　　）〔　　　　　　　〕（　　　　　）

(3) 会計係は小口現金の支払金額と同額の小切手を振り出して小口現金を補給した。

　　〔　　　　　　　〕（　　　　　）〔　　　　　　　〕（　　　　　）

解答

(1)	（小　口　現　金）	1,000	（当　座　預　金）	1,000
(2)	（通　信　費）	500	（小　口　現　金）	900
	（雑　　　費）	400		
(3)	（小　口　現　金）	900	（当　座　預　金）	900

小口現金の前渡し　　支払い　　支払報告　　補給

(1)　　※　　(2)　　(3)

※小口現金の支払時にはなんの仕訳もありません。

3．手形の受け取り

例題 3　次の取引について仕訳しなさい。ただし、勘定科目は次の中からもっとも適当と思われるものを選び、記号で解答すること。

ア．現金　　イ．当座預金　　ウ．受取手形　　エ．支払手形　　オ．買掛金
カ．売掛金

得意先板橋商事に対する売掛金¥5,000を回収し、そのうち¥2,000は板橋商事振出の約束手形を受け取り、残額は板橋商事振出の小切手で受け取った。

借　　　方		貸　　　方	
記　　号	金　　額	記　　号	金　　額
（　　　　）		（　　　　）	
（　　　　）		（　　　　）	

答案用紙に記入したら、 **解答** で答えを **CHECK!**

・解けた人 ➡ 次の **例題** へ
・解けなかった人 ➡ **解き方の道しるべ** へ！

解き方の道しるべ

売掛金を手形や小切手で回収したときの処理を答える問題です。
(1)　売掛金を回収しているので、**売掛金（資産）の減少**として処理します。
(2)　約束手形を受け取っているので、**受取手形（資産）の増加**として処理します。
(3)　先方振出の小切手を受け取ったときは、**現金（資産）の増加**として処理します。

解答

（ウ　受取手形）	(2) **2,000**	（カ　売　掛　金）	(1) **5,000**
（ア　現　　　金）	(3) **3,000**		

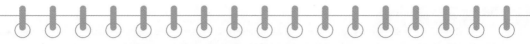

手形の受け取り

他人振出の約束手形を受け取ったときは、受取手形（資産）で処理する。

フィードバック問題　　　例題３が解けなかった人はフィードバック問題を解いて基礎を確認しましょう。

●次の取引の仕訳をしましょう。練習のため、勘定科目は記入してみてください。

　商品¥1,000を売り上げ、代金は先方振出の約束手形で受け取った。

　〔　　　　　　　　　　〕（　　　　　　）　〔　　　　　　　　　　〕（　　　　　　）

解答

（受　取　手　形）1,000　（売　　　　　上）1,000

4．手形の振り出し

例題 4　次の取引について仕訳しなさい。ただし、勘定科目は次の中からもっとも適当と思われるものを選び、記号で解答すること。

ア．受取手形　　イ．売掛金　　ウ．支払手形　　エ．買掛金　　オ．仕入

大宮商事は仕入先浦和商事から商品¥6,000を仕入れ、代金のうち¥4,000については約束手形を振り出して支払い、残額は掛けとした。

借　　方		貸　　方	
記　号	金　額	記　号	金　額
（　　　）		（　　　）	
（　　　）		（　　　）	

答案用紙に記入したら、解答で答えをCHECK!

・解けた人 ➡ 次の 例題 へ

・解けなかった人 ➡ 解き方の道しるべ へ！

解き方の道しるべ

商品を仕入れ、代金を手形などで支払ったときの処理を答える問題です。

(1)　¥4,000については約束手形を振り出しているので**支払手形（負債）の増加**として処理します。

(2)　残額（¥2,000）は**買掛金（負債）**で処理します。

解答

（オ　仕　　入）	6,000	（ウ　支払手形）	(1)	4,000
		（エ　買　掛　金）	(2)	2,000

手形の振り出し

約束手形を振り出したときは、支払手形（負債）で処理する。

CHECK!

フィードバック問題　　　　例題４が解けなかった人はフィードバック問題を解いて
　　　　　　　　　　　　　　基礎を確認しましょう。

●次の取引の仕訳をしましょう。練習のため、勘定科目は記入してみてください。
　商品￥2,000 を仕入れ、代金は約束手形を振り出した。
　〔　　　　　　　　　〕（　　　　　）　〔　　　　　　　　　〕（　　　　　）

解 答

　（仕　　　　　入）2,000　（支　払　手　形）2,000

5. 返品

例題 5 次の取引について仕訳しなさい。ただし、勘定科目は次の中からもっとも適当と思われるものを選び、記号で解答すること。

ア. 現金 イ. 売掛金 ウ. 買掛金 エ. 売上 オ. 仕入

先日掛けで仕入れた商品 30 個（@¥200）のうち、本日 3 分の 1 を戻し、代金は掛け代金を減額することとした。

借	方	貸	方
記 号	金 額	記 号	金 額
（ ）		（ ）	

答案用紙に記入したら、  **で答えを** **CHECK!**

・解けた人 ➡ 次の 例題 へ

・解けなかった人 ➡ 解き方の道しるべ へ！

解き方の道しるべ

以前仕入れた商品のうち、一部を仕入先に返品したときの処理を答える問題です。

仕入時 ──────────── 返品時

返品があったときは、仕入時または売上時の仕訳を取り消します。

仕 入 時： （仕 入） 6,000* （買 掛 金） 6,000
　　　　　＊@¥200 × 30 個 ＝ ¥6,000

返 品 時： （買 掛 金） 2,000 （仕 入） 2,000*
　　　　　＊@¥200 × 10 個 ＝ ¥2,000

解答

（ウ 買 掛 金） 2,000 （オ 仕 入） 2,000

返品

返品があったときは、仕入時または売上時の仕訳を取り消す処理
をする。

CHECK!

フィードバック問題　　　例題5が解けなかった人はフィードバック問題を解いて
基礎を確認しましょう。

●次の各取引の仕訳をしましょう。練習のため、勘定科目は記入してみてください。

(1)　先に掛けで仕入れた商品のうち、品違いのため¥1,200を返品した。代金は掛け代金を
減額することとした。

〔　　　　　　　　〕（　　　　　）〔　　　　　　　　〕（　　　　　）

(2)　先に掛けで売り上げた商品のうち、品違いのため¥3,400が返品された。代金は掛け代
金を減額することとした。

〔　　　　　　　　〕（　　　　　）〔　　　　　　　　〕（　　　　　）

解答

(1)　（買　　　掛　　　金）1,200　　（仕　　　　　　入）1,200
(2)　（売　　　　　　上）3,400　　（売　　　掛　　　金）3,400

6. 仕入諸掛り

例題 6 次の取引について仕訳しなさい。ただし、勘定科目は次の中からもっとも
適当と思われるものを選び、記号で解答すること。

ア．現金　　イ．受取手形　　ウ．支払手形　　エ．買掛金　　オ．仕入

商品¥8,000 を仕入れ、代金のうち¥5,000 は掛けとし、残額は約束手形を振り出した。
なお、仕入に要した諸掛り¥200 は現金で支払った。

借　　　　方		貸　　　　方	
記　　号	金　　額	記　　号	金　　額
（　　　　）		（　　　　）	
（　　　　）		（　　　　）	
（　　　　）		（　　　　）	

答案用紙に記入したら、  **で答えを**
CHECK!

・解けた人 ➡ 次の 例題 へ
・解けなかった人 ➡ 解き方の 道しるべ へ！

✐ 解き方の 道しるべ

　当社負担の仕入諸掛り（引取費用）は、仕入原価に含めて処理します。また、**先方が負
担する仕入諸掛りを当社が立て替えた場合は立替金（資産）で処理**するか、**買掛金（負債）
と相殺**します。なお、この例題のように負担先が指示されていない場合は、当社負担と考
えて仕入原価に含めて処理します。

　仕入：¥8,000 ＋ ¥200 ＝ ¥8,200

（オ　仕　　　　入）	8,200	（エ　買　掛　金）	5,000
		（ウ　支払手形）	3,000
		（ア　現　　　金）	200

仕入諸掛り（引取費用）

だれが負担する？	処　理
当社（仕入側）負担	仕入原価に含める
先方（売上側）負担	立替金（資産） （または買掛金と相殺）

※ 負担先の指示がなかったら当社負担として処理。

フィードバック問題

例題６が解けなかった人はフィードバック問題を解いて基礎を確認しましょう。

●次の各取引の仕訳をしましょう。練習のため、勘定科目は記入してみてください。

(1) 商品¥5,000 を仕入れ、代金は掛けとした。なお、引取費用¥100 は現金で支払った。

〔　　　　　　　〕（　　　　　）〔　　　　　　　　〕（　　　　　）
〔　　　　　　　〕（　　　　　）〔　　　　　　　　〕（　　　　　）

(2) 商品¥6,000 を仕入れ、代金は掛けとした。なお、引取費用¥200（先方負担）は現金で支払い、掛け代金と相殺することとした。

〔　　　　　　　〕（　　　　　）〔　　　　　　　　〕（　　　　　）
〔　　　　　　　〕（　　　　　）〔　　　　　　　　〕（　　　　　）

解 答

(1)	（仕　　　　　入）	5,100	（買　　掛　　金）	5,000
			（現　　　　　金）	100
(2)	（仕　　　　　入）	6,000	（買　　掛　　金）	5,800 *
			（現　　　　　金）	200

＊ ¥6,000 － ¥200 ＝ ¥5,800

●次の取引の仕訳をしましょう。練習のため、勘定科目は記入してみてください。

当社（株式会社ゴエモン商事）は、クロキチ雑貨株式会社より商品を仕入れ、商品とともに次の納品書兼請求書を受け取った。なお、クロキチ雑貨株式会社は商品を発送した際に、株式会社ゴエモン商事に請求した額と同額の発送費を現金で支払っている。

〔　　　　　　　　　〕（　　　　　）〔　　　　　　　　　〕（　　　　　）

納品書 兼 請求書

株式会社ゴエモン商事 御中

クロキチ雑貨株式会社

商　品	数　量	単　価	金　額
写真立て	50	500	25,000
送料	—	—	1,000
合　計			￥26,000

支払期限：6月30日
振　込　先：東西銀行足立支店
　　　　　　普通 1122334 クロキチザッカ（カ

解答

（仕　　　　　入）*1　26,000　（買　掛　金）*2　26,000

＊1　納品書兼請求書に送料の記載がある（当社負担の仕入諸掛りである）ため、送料も仕入（費用）に含めて処理します。

＊2　代金の支払いは後日（支払期限：6月30日）なので、買掛金（負債）で処理します。

7. 売上諸掛り

例題 7　次の取引について仕訳しなさい。ただし、勘定科目は次の中からもっとも適当と思われるものを選び、記号で解答すること。

ア．未払金　　イ．発送費　　ウ．受取手形　　エ．売掛金　　オ．売上
カ．支払手形

　　商品￥9,200（送料込み）を売り上げ、代金のうち￥4,000は先方振出の約束手形を受け取り、残額は掛けとした。なお、配送業者にこの商品を引き渡し、送料￥200は後日支払うこととした。

借　　　　方		貸　　　　方	
記　　号	金　　額	記　　号	金　　額
（　　　）		（　　　）	
（　　　）		（　　　）	
（　　　）		（　　　）	

答案用紙に記入したら、  **で答えを CHECK!**

・解けた人 ➡ 次の 例題 へ
・解けなかった人 ➡ 解き方の道しるべ へ！

解き方の道しるべ

　　売上諸掛り（送料）は、**発送費（費用）**で処理します。なお、後払いとした送料の金額は**未払金（負債）**で処理します。

（ウ　受取手形）	4,000	（オ　売　　　上）	9,200
（エ　売　掛　金）	5,200		
（イ　発　送　費）	200	（ア　未　払　金）	200

売上諸掛り（発送費用）

当社（売上側）が負担した売上諸掛りは、発送費（費用）で処理する。

ワンポイント
CHECK!

フィードバック問題　例題 7 が解けなかった人はフィードバック問題を解いて基礎を確認しましょう。

●次の取引の仕訳をしましょう。練習のため、勘定科目は記入してみてください。

商品￥7,300（送料込み）を売り上げ、代金は掛けとした。同時にこの商品を配送業者に引き渡し、送料￥300 を現金で支払った。

〔　　　　　　〕（　　　　）〔　　　　　　　〕（　　　　）
〔　　　　　　〕（　　　　）〔　　　　　　　〕（　　　　）

解答

（売　　掛　　金）7,300　（売　　　　　上）7,300
（発　　送　　費） 300　（現　　　　　金） 300

19

8. 有形固定資産の購入

例題 8　次の取引について仕訳しなさい。ただし、勘定科目は次の中からもっとも適当と思われるものを選び、記号で解答すること。

ア．現金　　イ．当座預金　　ウ．備品　　エ．建物　　オ．買掛金　　カ．未払金

建物¥36,000 を購入し、代金は月末に支払うこととした。なお、仲介手数料¥300 は小切手を振り出して支払った。

借 方		貸 方	
記　号	金　額	記　号	金　額
（　　）		（　　）	
（　　）		（　　）	

答案用紙に記入したら、  で答えを **CHECK!**

・解けた人 ➡ 次の 例題 へ
・解けなかった人 ➡ 解き方の道しるべ へ！

解き方の道しるべ

有形固定資産を購入したときの処理を答える問題です。

有形固定資産を購入したときは、仲介手数料などの**付随費用も有形固定資産の取得原価に含めて処理**します。また、商品以外のものを購入したときの未払額は**未払金（負債）**で処理します。

有形固定資産の取得原価：¥36,000 ＋ ¥300 ＝ ¥36,300

解答

（エ　建　　物）	36,300	（カ　未　払　金）	36,000
		（イ　当座預金）	300

仲介手数料は建物の取得原価に含めて処理します。

有形固定資産の購入

1. 有形固定資産の取得原価には付随費用を含める。

   取得原価＝購入価額＋付随費用

2. 商品以外のもの（有形固定資産など）を購入したときの未払額は
   未払金（負債）で処理。

購入・売却したもの	未払額の処理	未収額の処理
商 品	買掛金	売掛金
商品以外	未払金	未収入金

フィードバック問題　　　例題8が解けなかった人はフィードバック問題を解いて基礎を確認しましょう。

●次の各取引の仕訳をしましょう。練習のため、勘定科目は記入してみてください。

(1) 建物￥8,000を購入し、代金は小切手を振り出して支払い、仲介手数料など￥500は現金で支払った。

〔　　　　　　　〕（　　　　　）〔　　　　　　　　　〕（　　　　　　　）
〔　　　　　　　〕（　　　　　）〔　　　　　　　　　〕（　　　　　　　）

(2) 備品￥6,000を購入し、代金は月末に支払うこととした。なお、購入にあたっての引取費用￥400は現金で支払った。

〔　　　　　　　〕（　　　　　）〔　　　　　　　　　〕（　　　　　　　）
〔　　　　　　　〕（　　　　　）〔　　　　　　　　　〕（　　　　　　　）

解答

(1) （建　　　　物）8,500　（当　座　預　金）8,000
　　　　　　　　　　　　　（現　　　　　金）　500
(2) （備　　　　品）6,400　（未　払　　金）6,000
　　　　　　　　　　　　　（現　　　　　金）　400

　　　証ひょうから取引を読み取って、仕訳をしてみましょう。

●次の取引の仕訳をしましょう。練習のため、勘定科目は記入してみてください。

　事務作業に使用する物品を購入し、品物とともに次の請求書を受け取った。なお、代金は後日支払うこととした。

請　求　書

東京商事株式会社　御中

株式会社くらげ電器

品　物	数　量	単　価	金　額
デスクトップパソコン	1	220,000	￥220,000
プリンター用紙（500枚入）	10	500	￥　5,000
セッティング代	1	3,000	￥　3,000
		合　計	￥228,000

×2年10月30日までに合計額を下記口座へお振込みください。
友住銀行東新宿支店　普通　1234567　カ）クラゲデンキ

〔　　　　　　　　〕（　　　　　）〔　　　　　　　　〕（　　　　　）
〔　　　　　　　　〕（　　　　　）〔　　　　　　　　〕（　　　　　）

解答

（備　　　　品）　223,000 *1 （未　払　金）　228,000
（消　耗　品　費）　5,000 *2

　＊1　セッティング代は備品の取得原価に含めます。
　　　　￥220,000 ＋￥3,000 ＝￥223,000
　＊2　プリンター用紙代は、**消耗品費（費用）** で処理します。

第1問対策 例題

9. 有形固定資産の売却

例題 9 次の取引について仕訳しなさい。ただし、勘定科目は次の中からもっとも適当と思われるものを選び、記号で解答すること。

ア．車両運搬具　　イ．未収入金　　ウ．未払金　　エ．車両運搬具減価償却累計額
オ．固定資産売却損　　カ．固定資産売却益

　当期首において、営業用の自動車（3年前の期首に購入、取得原価￥80,000、残存価額は取得原価の10％、耐用年数は4年）を￥10,000で売却し、代金は月末に受け取ることとした。なお、この自動車についてすでに3期（決算は年1回）にわたって減価償却をしており、減価償却の計算は定額法、記帳方法は間接法によっている。

借　　　　方		貸　　　　方	
記　　　号	金　　　額	記　　　号	金　　　額
（　　　）		（　　　）	
（　　　）		（　　　）	
（　　　）		（　　　）	

答案用紙に記入したら、  で答えを **CHECK!**

・解けた人 ➡ 次の **例題** へ
・解けなかった人 ➡ **解き方の道しるべ** へ！

解き方の道しるべ

　3年前に購入した自動車（有形固定資産）を売却したときの処理を答える問題です。この問題では、減価償却の計算と記帳方法を正しく把握しているかがポイントとなります。

購入時		決算日①		決算日②		決算日③	売却時
	3年前		2年前		1年前		当期

(1)　「3期にわたって減価償却をして」いるので、3年分の減価償却費（減価償却累計額）を計算します。なお、「記帳方法は間接法によっている」ため、取得原価と減価償却累計額を減らします。

$$3\,\text{年分の減価償却費}：\frac{¥80,000 - \boxed{¥8,000}}{4\,\text{年}} \times 3\,\text{年} = ¥54,000$$

残存価額（¥80,000 × 10%）

(2) また、帳簿価額（取得原価−減価償却累計額）と売却価額との差額は**固定資産売却損（費用）**または**固定資産売却益（収益）**で処理します。この例題では借方に差額が生じるので、**固定資産売却損（費用）**で処理します。

（エ　車両運搬具減価償却累計額）	(1)	54,000	（ア　車 両 運 搬 具）	80,000
（イ　未 収 入 金）		10,000		
（オ　固定資産売却損）	(2)	16,000		

有形固定資産の売却

1. 有形固定資産の取得原価と減価償却累計額を減らす。
2. 期中に売却したときは、当期分の減価償却費を計上（問題文の指示にしたがうこと）。

ワンポイント
CHECK!

これ、だいじょうぶ？　　**減価償却**

減価償却とは、決算において有形固定資産の価値の減少分を見積り、費用（減価償却費）として計上する手続きをいい、3級では定額法で減価償却費を計算します（期中に購入した有形固定資産の減価償却費は、購入日から決算日までの月数に応じて月割計算します）。

$$\text{減価償却費（定額法）} = \frac{\text{取得原価−残存価額}}{\text{耐用年数}}$$

有形固定資産を売却したときには、有形固定資産の取得原価と計上している減価償却累計額を減少させます。

●次の各取引の仕訳をしましょう。練習のため、勘定科目は記入してみてください。

(1) 期首において、備品￥19,000を購入し、代金は引取運賃￥1,000とともに現金で支払った。

〔　　　　　　　　　　〕（　　　　　　　）〔　　　　　　　　　　〕（　　　　　　　）

(2) 決算につき、上記(1)の備品について定額法（残存価額：取得原価の10％、耐用年数：5年）により減価償却を行う（記帳方法は間接法）。

〔　　　　　　　　　　〕（　　　　　　　）〔　　　　　　　　　　〕（　　　　　　　）

(3) 3年後の期首において、上記(1)の備品（前期末までに3期分の減価償却をしている。減価償却方法は(2)参照）を￥9,500で売却し、代金は月末に受け取ることとした。

〔　　　　　　　　　　〕（　　　　　　　）〔　　　　　　　　　　〕（　　　　　　　）
〔　　　　　　　　　　〕（　　　　　　　）〔　　　　　　　　　　〕（　　　　　　　）

(4) 期末において、備品（取得原価：￥72,000、前期末までに4期分の減価償却をしている）を￥7,000で売却し、代金は翌月末に受け取ることとした。なお、この備品は定額法（残存価額：ゼロ、耐用年数：6年）で減価償却している（記帳方法は間接法）。また、当期の減価償却費も計上すること。

〔　　　　　　　　　　〕（　　　　　　　）〔　　　　　　　　　　〕（　　　　　　　）
〔　　　　　　　　　　〕（　　　　　　　）〔　　　　　　　　　　〕（　　　　　　　）
〔　　　　　　　　　　〕（　　　　　　　）〔　　　　　　　　　　〕（　　　　　　　）
〔　　　　　　　　　　〕（　　　　　　　）〔　　　　　　　　　　〕（　　　　　　　）

解 答

(1) （備　　　　　品）20,000 ＊　（現　　　　　金）20,000
　　＊　￥19,000 ＋￥1,000 ＝￥20,000

(2) （減 価 償 却 費）3,600 ＊　（備品減価償却累計額）3,600

　　　　　　　　　　　　　　　　残存価額（￥20,000 × 10％）
　　＊　$\dfrac{￥20,000-\boxed{￥2,000}}{5 年}=￥3,600$

(3) （備品減価償却累計額）10,800 ＊　（備　　　　　品）20,000
　　（未 収 入 金）9,500　　（固定資産売却益）300
　　＊　3 期分の減価償却費：￥3,600 × 3 年＝￥10,800

| 購入時 | | 決算日① | | 決算日② | | 決算日③ | 売却時 |

　(1)　　　　　　　(2)　　　　　　　　　　　　　(3)　　当期

(4) （未 収 入 金）7,000　　（備　　　　　品）72,000
　　（備品減価償却累計額）48,000 ＊2
　　（減 価 償 却 費）12,000 ＊1
　　（固定資産売却損）5,000

　　＊1　1 期分の減価償却費：$\dfrac{￥72,000}{6 年}=￥12,000$

　　＊2　4 期分の減価償却費：￥12,000 × 4 年＝￥48,000

| 購入時 | 決算日① | 決算日② | 決算日③ | 決算日④ | 決算日⑤ | 売却時 |

　　　　　　　　　　　　　　　　　　　　　　当期
　　　　　　　　　　　　　　　　　　　　　　　　　(4)

10. 仮払金

例題 10 次の取引について仕訳しなさい。ただし、勘定科目は次の中からもっとも適当と思われるものを選び、記号で解答すること。

ア. 現金　　イ. 立替金　　ウ. 仮払金　　エ. 仮受金　　オ. 旅費交通費

従業員の出張に際し、旅費の概算額¥20,000を現金で渡した。

借　　方		貸　　方	
記　　号	金　　額	記　　号	金　　額
（　　　）		（　　　）	

答案用紙に記入したら、  **で答えを** CHECK! ▶

- 解けた人 ➡ 次の 例題 へ
- 解けなかった人 ➡ 解き方の道しるべ へ！

 解き方の道しるべ

旅費の概算額を従業員に渡したときの処理を答える問題です。

概算額を渡したとき　　　　　　　　精算時

旅費の概算額を渡した時点では、**仮払金（資産）**で処理しておきます。なお、従業員が出張から戻り、旅費の精算をしたときに仮払金から**旅費交通費（費用）**に振り替えます。

解答　　（ウ　仮　払　金）　　**20,000**　　（ア　現　　　金）　　**20,000**

仮払金

1. 旅費の概算額を渡したときは仮払金（資産）で処理。
2. 旅費の金額が確定したときに仮払金から旅費交通費（費用）に振り替える。

フィードバック問題

例題 10 が解けなかった人はフィードバック問題を解いて基礎を確認しましょう。

●次の各取引の仕訳をしましょう。練習のため、勘定科目は記入してみてください。

(1) 従業員の出張にともない、旅費の概算額¥5,000 を現金で前渡しした。

〔　　　　　　　　〕（　　　　　）〔　　　　　　　　〕（　　　　　）

(2) 従業員が出張から帰社し、旅費として¥6,000 を使ったと報告を受けた。なお、旅費の概算額として¥5,000 を前渡ししており、不足額¥1,000 は現金で支払った。

〔　　　　　　　　〕（　　　　　）〔　　　　　　　　〕（　　　　　）
〔　　　　　　　　〕（　　　　　）〔　　　　　　　　〕（　　　　　）

解答

(1)	（仮　　払　　金）	5,000	（現　　　　　金）	5,000
(2)	（旅 費 交 通 費）	6,000	（仮　　払　　金）	5,000
			（現　　　　　金）	1,000

概算額を渡したとき　(1)　　　　　精算時　(2)

証ひょうから取引を読み取って、仕訳をしてみましょう。

●次の取引の仕訳をしましょう。練習のため、勘定科目は記入してみてください。

出張から戻った従業員から次の領収書と報告書が提出されたとともに、以前に概算払いしていた¥20,000との差額を現金で受け取った。

旅費交通費支払報告書

佐藤太郎

移動先	手段等	領収書	金　額
宇都宮駅	電車	無	¥ 1,950
ＡＢＣ商事 宇都宮支店	タクシー	有	¥ 2,200
帰社	電車	無	¥ 1,950
	合　計		¥ 6,100

領 収 書

運賃 ¥2,200 −

上記のとおり領収いたしました。

あんぜん交通㈱

領 収 書

金額 ¥10,500 −

但し、宿泊料として
上記のとおり領収いたしました。

南武ホテル宇都宮

〔　　　　　　　〕（　　　　　）〔　　　　　　　　〕（　　　　　）
〔　　　　　　　〕（　　　　　）〔　　　　　　　　〕（　　　　　）

解答

（旅 費 交 通 費）　16,600 *1　（仮　払　金）　20,000
（現　　　　　金）　3,400 *2

*1　タクシー代¥2,200 は、領収書と旅費交通費支払報告書の両方に記載があるので、二重に計上しないように注意しましょう。
　　　¥6,100 ＋¥10,500 ＝¥16,600
*2　¥20,000 −¥16,600 ＝¥3,400

11. 仮受金

例題 11 次の取引について仕訳しなさい。ただし、勘定科目は次の中からもっとも適当と思われるものを選び、記号で解答すること。

ア．現金　　イ．当座預金　　ウ．売掛金　　エ．仮受金　　オ．仮払金

カ．前受金

　前月末に得意先より¥50,000が当座預金口座に振り込まれ、その内容が不明だったため、仮受金として処理していたが、本日、得意先から連絡があり、その内訳が売掛金の回収額¥30,000と注文を受けた商品の内金¥20,000であることが判明した。

借 方		貸 方	
記 号	金 額	記 号	金 額
（　　　）		（　　　）	
（　　　）		（　　　）	

答案用紙に記入したら、 解答 **で答えを** **CHECK!**

・解けた人 ➡ 次の 例題 へ

・解けなかった人 ➡ 解き方の道しるべ へ！

解き方の道しるべ

　以前、受け取った内容不明の入金の内容が判明したときの処理を答える問題です。

内容不明の入金があったとき　　　内容判明時

「仮受金」で処理

(1) 内容不明の入金があったとき、

　（当 座 預 金）　50,000　（仮 受 金）　50,000

と仕訳しています。したがって、内容が判明したときには、**仮受金（負債）の減少**として処理します。

(2) 売掛金の回収額は**売掛金（資産）の減少**として処理します。

(3) 内金を受け取ったときは、**前受金（負債）** で処理します。

 解答

（エ 仮 受 金）	(1)	**50,000**	（ウ 売 掛 金）	(2)	**30,000**
			（カ 前 受 金）	(3)	**20,000**

仮受金

1. **内容不明の入金があったときは仮受金（負債）で処理。**
2. **内容が判明したら仮受金から適切な勘定に振り替える。**

フィードバック問題

例題 11 が解けなかった人はフィードバック問題を解いて
基礎を確認しましょう。

●次の一連の取引の仕訳をしましょう。練習のため、勘定科目は記入してみてください。

(1) 出張中の従業員から当座預金口座に¥5,000 の入金があったが、その内容は不明である。
　　〔　　　　　　　〕（　　　　　　　）〔　　　　　　　　　〕（　　　　　　　）

(2) 出張中の従業員が帰社し、(1)の入金は売掛金を回収したものとの報告を受けた。
　　〔　　　　　　　〕（　　　　　　　）〔　　　　　　　　　〕（　　　　　　　）

解 答

(1) （当 座 預 金） 5,000　　（仮　　受　　金） 5,000
(2) （仮　　受　　金） 5,000　　（売　　掛　　金） 5,000

12. 前払金・前受金

例題 12　次の取引について仕訳しなさい。ただし、勘定科目は次の中からもっとも適当と思われるものを選び、記号で解答すること。

ア．売掛金　　イ．立替金　　ウ．前払金　　エ．買掛金　　オ．前受金
カ．仕入

商品¥70,000を仕入れ、代金のうち¥30,000はすでに支払っている手付金を充当し、残額は掛けとした。

借　　　　方		貸　　　　方	
記　　　号	金　　　額	記　　　号	金　　　額
（　　　　）		（　　　　）	
（　　　　）		（　　　　）	

答案用紙に記入したら、 で答えを **CHECK!** ▶

- 解けた人 ➡ 次の 例題 へ
- 解けなかった人 ➡ 解き方の道しるべ へ！

🏷 **解き方の道しるべ** ┄┄┄┄┄┄┄┄┄┄┄┄┄┄┄┄┄┄┄┄┄┄┄┄┄┄┄┄┄

手付金を以前に支払っている場合の、商品仕入時の処理を答える問題です。

手付金を支払ったとき、

（前　払　金）	30,000	（当座預金など）	30,000

と仕訳しているので、商品を仕入れたときは、**前払金（資産）の減少**として処理します。

解答

（カ 仕　　　入）	70,000	（ウ 前　払　金）	30,000
		（エ 買　掛　金）	40,000

前払金・前受金

1. 手付金や内金を { 支払ったとき…前払金(資産)で処理
                    受け取ったとき…前受金(負債)で処理

2. 商品を { 仕入れたとき…前払金(資産)の減少
            売り上げたとき…前受金(負債)の減少

フィードバック問題　例題12が解けなかった人はフィードバック問題を解いて基礎を確認しましょう。

●次の各取引の仕訳をしましょう。練習のため、勘定科目は記入してみてください。

(1) 弥生商事は大和商事に商品を注文し、内金として¥5,000を現金で支払った。

〔　　　　　　　　　〕（　　　　　　　）〔　　　　　　　　　　　　〕（　　　　　　　）

(2) 弥生商事は大和商事から商品¥9,000を仕入れ、代金のうち¥5,000は注文時に支払った内金と相殺し、残額は掛けとした。

〔　　　　　　　　　〕（　　　　　　　）〔　　　　　　　　　　　　〕（　　　　　　　）
〔　　　　　　　　　〕（　　　　　　　）〔　　　　　　　　　　　　〕（　　　　　　　）

(3) 大和商事は弥生商事から商品の注文を受け、内金として¥5,000を現金で受け取った。

〔　　　　　　　　　〕（　　　　　　　）〔　　　　　　　　　　　　〕（　　　　　　　）

(4) 大和商事は弥生商事に商品¥9,000を売り上げ、代金のうち¥5,000は注文時に受け取った内金と相殺し、残額は掛けとした。

〔　　　　　　　　　〕（　　　　　　　）〔　　　　　　　　　　　　〕（　　　　　　　）
〔　　　　　　　　　〕（　　　　　　　）〔　　　　　　　　　　　　〕（　　　　　　　）

解答

(1)	(前　払　金)	5,000		(現　　　　金)	5,000	
(2)	(仕　　　入)	9,000		(前　払　金)	5,000	
				(買　掛　金)	4,000	
(3)	(現　　　　金)	5,000		(前　受　金)	5,000	
(4)	(前　受　金)	5,000		(売　　　上)	9,000	
	(売　掛　金)	4,000				

```
内金の支払時  仕入時
─────┼───────┼──────→
      (1)      (2)

内金の受取時  売上時
─────┼───────┼──────→
      (3)      (4)
```

13. 借入金・貸付金

例題 13 次の取引について仕訳しなさい。ただし、勘定科目は次の中からもっとも適当と思われるものを選び、記号で解答すること。

ア．現金　　イ．受取利息　　ウ．手形貸付金　　エ．支払手形　　オ．手形借入金
カ．支払利息

明治商事から期間8か月、利率年3％の条件で¥40,000を借り入れ、現金を受け取った。なお、利息を含めた金額の約束手形を明治商事宛に振り出した。利息は月割計算するものとし、約束手形の振り出しにともなう債務は手形金額で記帳すること。

借　　　方		貸　　　方	
記　　号	金　　額	記　　号	金　　額
（　　　）		（　　　）	
（　　　）		（　　　）	

答案用紙に記入したら、  **で答えを CHECK!**

・解けた人 ➡ 次の 例題 へ
・解けなかった人 ➡ 解き方の道しるべ へ！

 解き方の道しるべ

　資金を借り入れたときに約束手形を振り出したときは、**手形借入金（負債）**で処理します。なお、この例題では**利息を含めた金額の約束手形を振り出している**ので、手形借入金の金額は、借入金額（¥40,000）に8か月分の利息を加算した金額となります。

支 払 利 息：$¥40,000 × 3\% × \dfrac{8\,か月}{12\,か月} = ¥800$

手形借入金：$¥40,000 + ¥800 = ¥40,800$

解答

（ア 現　　　金）	40,000	（オ 手形借入金）	40,800
（カ 支 払 利 息）	800		

借入金・貸付金

1. 通常の借入れ・貸付け…借入金（負債）・貸付金（資産）で処理
2. 手形による借入れ・貸付け…手形借入金（負債）・手形貸付金（資産）で処理

フィードバック問題

例題13が解けなかった人はフィードバック問題を解いて基礎を確認しましょう。

●次の各取引の仕訳をしましょう。練習のため、勘定科目は記入してみてください。

(1) 水無月商事は、神無月商事に現金¥9,000を貸付期間9か月、年利率4％で貸し付けた。なお、利息は返済時に受け取る。

〔　　　　　　　　　〕（　　　　　　　）〔　　　　　　　　　　〕（　　　　　　　）

(2) 大正銀行から年利率4％、期間3か月の条件で¥8,000を借り入れ、その際、同額の約束手形を振り出し、利息を差し引かれた手取額が当座預金口座に振り込まれた。

〔　　　　　　　　　〕（　　　　　　　）〔　　　　　　　　　　〕（　　　　　　　）
〔　　　　　　　　　〕（　　　　　　　）〔　　　　　　　　　　〕（　　　　　　　）

解答

(1) （貸　　付　　金）9,000　　　　（現　　　　　　金）9,000
(2) （支　払　利　息）80*2　　　　（手　形　借　入　金）8,000*1
　　（当　座　預　金）7,920

 *1　借入金額（¥8,000）と同額の約束手形を振り出しているので、手形借入金は¥8,000となります。

 *2　$¥8,000 × 4\% × \dfrac{3か月}{12か月} = ¥80$

14. 給料の支払いと預り金

例題 14 次の取引について仕訳しなさい。ただし、勘定科目は次の中からもっとも適当と思われるものを選び、記号で解答すること。

ア．普通預金　　イ．当座預金　　ウ．従業員立替金　　エ．所得税預り金
オ．給料　　カ．所得税

　従業員への給料の支払いにあたって、給料総額￥40,000のうち、先に立替払いしていた従業員の生命保険料￥2,000と所得税の源泉徴収分￥4,000を差し引き、残額を当座預金口座から従業員の普通預金口座に支払った。

借	方	貸	方
記　号	金　額	記　号	金　額
（　　　）		（　　　）	
（　　　）		（　　　）	
（　　　）		（　　　）	

答案用紙に記入したら、 **解答** **で答えを CHECK!**

・解けた人 ➡ 次の 例題 へ
・解けなかった人 ➡ 解き方の道しるべ へ！

解き方の道しるべ

　給料支払時の処理を答える問題です。従業員に対する立替金と源泉所得税の処理を確認しておきましょう。

立替時　　　　　　給料支払時　　　　源泉所得税の納付時
➡

(1) 従業員の生命保険料を立替払いしたときに**従業員立替金（資産）**で処理している（指定勘定科目に「従業員立替金」があるので、「従業員立替金」で処理すると判断しますが、指定勘定科目に「従業員立替金」ではなく、「立替金」があるときは「立替金」を使用します）ので、これを減らします（貸方に記入します）。

立替時の仕訳：（従業員立替金）　2,000　（現　金　な　ど）　2,000

(2) 所得税の源泉徴収分（￥4,000）は、**所得税預り金（負債）**で処理します。

(3) 当座預金口座から支払ったので、残額は**当座預金（資産）の減少**として処理します。
　　当座預金の減少額：￥40,000 － ￥2,000 － ￥4,000 ＝ ￥34,000

解答

（オ　給　　　　料）	40,000	（ウ　従業員立替金）	(1)	2,000
		（エ　所得税預り金）	(2)	4,000
		（イ　当座預金）	(3)	34,000

預り金と立替金

1. 給料総額から差し引いた源泉所得税

…所得税預り金（負債）または預り金（負債）で処理

2. 従業員が支払うべき金額を当社が立て替えたとき

…従業員立替金（資産）または立替金（資産）で処理

フィードバック問題　　　例題14が解けなかった人はフィードバック問題を解いて基礎を確認しましょう。

●次の一連の取引の仕訳をしましょう。練習のため、勘定科目は記入してみてください。
　使用できる勘定科目：現金、当座預金、従業員立替金、所得税預り金、給料

(1) 従業員が負担すべき保険料¥500を現金で立て替えた。

〔　　　　　　　〕（　　　　　） 〔　　　　　　　〕（　　　　　）

(2) 給料¥8,000のうち、(1)で立て替えた¥500と源泉所得税¥800を差し引いた残額を従業員に現金で支払った。

〔　　　　　　　〕（　　　　　） 〔　　　　　　　〕（　　　　　）
〔　　　　　　　〕（　　　　　） 〔　　　　　　　〕（　　　　　）
〔　　　　　　　〕（　　　　　） 〔　　　　　　　〕（　　　　　）

(3) (2)の源泉所得税¥800を小切手を振り出して納付した。

〔　　　　　　　〕（　　　　　） 〔　　　　　　　〕（　　　　　）

解　答

(1)	（従業員立替金）	500	（現　　　　金）	500
(2)	（給　　　　料）	8,000	（従業員立替金）	500
			（所得税預り金）	800
			（現　　　　金）	6,700
(3)	（所得税預り金）	800	（当　座　預　金）	800

立替時　　　　　給料支払時　　　　源泉所得税の納付時

(1)　　　　　　(2)　　　　　　(3)

15. 貸倒れ

例題 15 次の取引について仕訳しなさい。ただし、勘定科目は次の中からもっとも適当と思われるものを選び、記号で解答すること。

ア．売掛金　　イ．貸倒引当金　　ウ．貸倒損失　　エ．貸倒引当金繰入

前期に生じた売掛金¥30,000 が得意先の倒産により、回収不能となったため、貸倒れとして処理する。なお、貸倒引当金の残高は¥2,000 である。

借　　方		貸　　方	
記　　号	金　　額	記　　号	金　　額
（　　）		（　　）	
（　　）		（　　）	

答案用紙に記入したら、  **で答えを**
CHECK!

・解けた人 ➡ 次の **例題** へ
・解けなかった人 ➡ 解き方の道しるべ へ！

解き方の道しるべ

売掛金が貸し倒れたときの処理を答える問題です。前期に発生した売掛金が貸し倒れた場合と、当期に発生した売掛金が貸し倒れた場合の処理の違いに注意しましょう。前期に発生した売掛金には、前期末（決算日）において貸倒引当金が設定されています。したがって、前期に発生した売掛金が貸し倒れたとき（この例題の場合）は、まず設定している貸倒引当金を取り崩し（借方に記入し）、貸倒引当金を超える金額は**貸倒損失（費用）**として処理します。

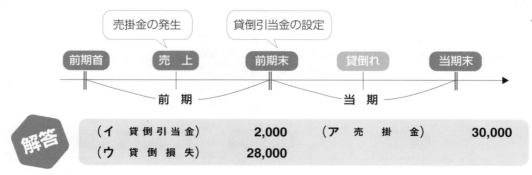

売掛金の発生　　　貸倒引当金の設定

前期首　　売　上　　前期末　　貸倒れ　　当期末

前期　　　　　　　　当期

解答

（イ　貸倒引当金）	2,000	（ア　売　掛　金）	30,000
（ウ　貸倒損失）	28,000		

38

一方、当期に発生した売掛金が当期に貸し倒れたときは、まだ貸倒引当金が設定されていませんので、全額を**貸倒損失（費用）**として処理します。

したがって、この例題の売掛金が当期に発生したものであった場合の処理は、次のようになります。

〈例題 **15** の売掛金が当期に発生したものであった場合の仕訳〉

（ウ　貸　倒　損　失）　　　30,000　　　（ア　売　掛　金）　　　30,000

貸倒れ

1. 前期に発生した売掛金が貸し倒れたとき

　　…貸倒引当金を取り崩し、超過する金額は貸倒損失（費用）で処理

2. 当期に発生した売掛金が貸し倒れたとき

　　…全額、貸倒損失（費用）で処理

これ、だいじょうぶ？　　**貸倒引当金**

貸倒引当金とは、売掛金や受取手形の将来の貸倒れに備えて、決算時に設定する金額のことをいい、次の計算式によって求めます。

貸倒引当金の設定額＝売掛金、受取手形の期末残高×貸倒設定率

なお、期末において貸倒引当金の残高がある場合（前期末に設定した貸倒引当金が当期末に残っている場合）には、当期の設定額と期末残高との差額だけ追加で貸倒引当金を計上します。

〔**例**〕売掛金の期末残高￥10,000 について、2％の貸倒引当金を設定する。なお、貸倒引当金の期末残高は￥50 である。

（貸倒引当金繰入）	150	（貸 倒 引 当 金）	150*

費　用

*①貸倒引当金の当期設定額：￥10,000 × 2％＝￥200

②当期設定額（￥200）＞期末残高（￥50）

→ ￥150（￥200 － ￥50）を追加で計上

フィードバック問題

例題 15 が解けなかった人はフィードバック問題を解いて基礎を確認しましょう。

●次の各取引の仕訳をしましょう。練習のため、勘定科目は記入してみてください。

(1) 得意先山田商事が倒産し、売掛金￥6,000（当期に発生）が貸し倒れた。

〔　　　　　　　〕（　　　　　　）〔　　　　　　　　〕（　　　　　　）

(2) 得意先田中商事が倒産し、売掛金￥5,000（前期に発生）が貸し倒れた。なお、貸倒引当金の残高が￥3,000 ある。

〔　　　　　　　〕（　　　　　　）〔　　　　　　　　〕（　　　　　　）

〔　　　　　　　〕（　　　　　　）〔　　　　　　　　〕（　　　　　　）

解 答

(1)	（貸 倒 損 失）	6,000	（売 　 掛 　 金）	6,000
(2)	（貸 倒 引 当 金）	3,000	（売 　 掛 　 金）	5,000
	（貸 倒 損 失）	2,000		

16. クレジット売掛金

例題 **16** 次の取引について仕訳しなさい。ただし、勘定科目は次の中からもっとも
適当と思われるものを選び、記号で解答すること。

ア．現金　　イ．クレジット売掛金　　ウ．売上　　エ．支払手数料

青森商事は、商品¥10,000をクレジット払いの条件で販売した。なお、信販会社への手
数料（販売代金の2％）は販売時に計上する。

借　　方		貸　　方	
記　号	金　額	記　号	金　額
（　　）		（　　）	
（　　）		（　　）	

答案用紙に記入したら、で答えを CHECK!

・解けた人 ➡ 次の 例題 へ
・解けなかった人 ➡ 解き方の道しるべ へ！

 解き方の道しるべ

クレジット払いで商品を売り上げたときの処理を答える問題です。
クレジット払いの条件で商品を販売したときの、あとで代金を受け取る権利は**クレジット売掛金（資産）**で処理します。また、信販会社に支払う手数料は**支払手数料（費用）**で処理します。

支払手数料：¥10,000 × 2％ = ¥200
クレジット売掛金：¥10,000 − ¥200 = ¥9,800

解答
| （エ　支払手数料） | 200 | （ウ　売　上） | 10,000 |
| （イ　クレジット売掛金） | 9,800 | | |

クレジット売掛金

1. クレジット払いの条件で商品を販売したときの、あとで代金を受け取る権利…**クレジット売掛金（資産）で処理**

2. 信販会社に支払う手数料…**支払手数料（費用）で処理**

フィードバック問題

例題16が解けなかった人はフィードバック問題を解いて基礎を確認しましょう。

●次の取引の仕訳をしましょう。練習のため、勘定科目は記入してみてください。

秋田商事は、商品￥20,000をクレジット払いの条件で販売した。なお、信販会社への手数料（販売代金の3％）は販売時に計上する。

〔　　　　　　　　〕（　　　　　）〔　　　　　　　　〕（　　　　　）
〔　　　　　　　　〕（　　　　　）〔　　　　　　　　〕（　　　　　）

解 答

| （支 払 手 数 料） | 600 *1 | （売　　　　　上） | 20,000 |
| （クレジット売掛金） | 19,400 *2 | | |

* 1　￥20,000 × 3％＝￥600
* 2　￥20,000 － ￥600 ＝￥19,400

17. 電子記録債権（債務）

例題 **17** 次の取引について仕訳しなさい。ただし、勘定科目は次の中からもっとも適当と思われるものを選び、記号で解答すること。

ア．現金　　イ．当座預金　　ウ．電子記録債権　　エ．売掛金　　オ．電子記録債務
カ．買掛金

電子債権記録機関に発生記録した債務¥20,000の支払期日が到来し、債務額が当座預金口座から引き落とされた。

借　　　方		貸　　　方	
記　　号	金　　額	記　　号	金　　額
（　　　　）		（　　　　）	

答案用紙に記入したら、 解答 で答えを **CHECK!**

・解けた人 ➡ 次の 例題 へ
・解けなかった人 ➡ 解き方の道しるべ へ！

解き方の道しるべ

支払期日の到来により、電子記録債務が消滅したときの処理を答える問題です。

電子記録債務の発生時　　　　　　　　　　消滅時

電子債権記録機関に発生記録を行い、電子記録債務が発生したとき、

（買 掛 金 な ど）	20,000	（電 子 記 録 債 務）	20,000

と処理しています。したがって、電子記録債務が消滅したときは、**電子記録債務（負債）の減少**として処理します。

43

| 解答 | （オ　電子記録債務） | 20,000 | （イ　当座預金） | 20,000 |

電子記録債権（債務）

1. 電子債権記録機関に発生記録を行ったとき、

   債権者…電子記録債権（資産）の増加で処理

   債務者…電子記録債務（負債）の増加で処理

2. 決済が行われたとき、

   債権者…電子記録債権（資産）の減少で処理

   債務者…電子記録債務（負債）の減少で処理

フィードバック問題　　　　例題17が解けなかった人はフィードバック問題を解いて基礎を確認しましょう。

●次の一連の取引の仕訳をしましょう。練習のため、勘定科目は記入してみてください。

(1)　福島商事は、山形商事に対する買掛金￥40,000の支払いを電子債権記録機関で行うため、取引銀行を通して債務の発生記録を行った。

〔　　　　　　　〕（　　　　　　）〔　　　　　　　　〕（　　　　　　）

(2)　山形商事（福島商事に対して売掛金がある）は、上記(1)の発生記録について、取引銀行より通知を受けた。

〔　　　　　　　〕（　　　　　　）〔　　　　　　　　〕（　　　　　　）

(3)　電子債権記録機関に発生記録した債権￥40,000の支払期日が到来し、債権金額が山形商事の普通預金口座に振り込まれた。

〔　　　　　　　〕（　　　　　　）〔　　　　　　　　〕（　　　　　　）

(4)　電子債権記録機関に発生記録した債務￥40,000の支払期日が到来し、債務金額が福島商事の当座預金口座から引き落とされた。

〔　　　　　　　〕（　　　　　　）〔　　　　　　　　〕（　　　　　　）

(1)　（買　　掛　　金）40,000　　（電 子 記 録 債 務）40,000
(2)　（電 子 記 録 債 権）40,000　　（売　　掛　　金）40,000
(3)　（普　通　預　金）40,000　　（電 子 記 録 債 権）40,000
(4)　（電 子 記 録 債 務）40,000　　（当　座　預　金）40,000

18．差入保証金

例題 **18** 　次の取引について仕訳しなさい。ただし、勘定科目は次の中からもっとも
適当と思われるものを選び、記号で解答すること。

ア．当座預金　　イ．差入保証金　　ウ．支払手数料

　新店舗のため、ビルの1階部分を1か月あたり¥150,000で賃借する契約をした。契約に
あたり、敷金（家賃の2か月分）と不動産業者に対する仲介手数料（家賃の1か月分）を
小切手を振り出して支払った。

借　　　方		貸　　　方	
記　　号	金　　額	記　　号	金　　額
（　　　　）		（　　　　）	
（　　　　）		（　　　　）	

答案用紙に記入したら、  **で答えを**
CHECK!

・解けた人 ➡ 次の 例題 へ

・解けなかった人 ➡ 解き方の 道しるべ へ！

 解き方の
道しるべ

　建物の賃借にあたって、敷金や仲介手数料を支払ったときの処理を答える問題です。
　会社が事務所や店舗物件を借りるにあたって、敷金や保証金を差し入れたときは、**差入
保証金（資産）**で処理します。また、不動産会社に支払う仲介手数料は**支払手数料（費用）**
で処理します。

　差入保証金：¥150,000 × 2か月分 ＝ ¥300,000
　支払手数料：¥150,000 × 1か月分 ＝ ¥150,000

解答

| （イ　差入保証金） | 300,000 | （ア　当座預金） | 450,000 |
| （ウ　支払手数料） | 150,000 | | |

差入保証金

1. 敷金や保証金を差し入れたとき…**差入保証金（資産）**で処理

2. 不動産業者に支払う手数料…**支払手数料（費用）**で処理

3. 敷金や保証金の返還を受けたとき[※]…**差入保証金（資産）の減少**で処理

   ※ 返還を受けた際に修繕費用が差し引かれたときは、修繕費用は**修繕費（費用）**で処理する。

フィードバック問題 　例題18が解けなかった人はフィードバック問題を解いて基礎を確認しましょう。

●次の一連の取引の仕訳をしましょう。練習のため、勘定科目は記入してみてください。

(1) 店舗の賃借にあたって、敷金￥200,000を普通預金口座から振り込んだ。

〔　　　　　　　〕（　　　　　）〔　　　　　　　〕（　　　　　）

(2) 店舗の賃貸借契約の終了にともない、敷金￥200,000のうち修繕費用￥30,000を差し引かれた残高が返還され、普通預金口座に入金された。

〔　　　　　　　〕（　　　　　）〔　　　　　　　〕（　　　　　）
〔　　　　　　　〕（　　　　　）〔　　　　　　　〕（　　　　　）

解答

(1) （差 入 保 証 金）200,000　　（普 通 預 金）200,000
(2) （修　　繕　　費）30,000　　（差 入 保 証 金）200,000
　　（普 通 預 金）170,000[*]

　　　* ￥200,000 － ￥30,000 ＝ ￥170,000

証ひょうから取引を読み取って、仕訳をしてみましょう。

●次の取引の仕訳をしましょう。練習のため、勘定科目は記入してみてください。

事務所の賃借契約を行い、以下の振込依頼書どおりに普通預金口座から振り込み、賃借を開始した。なお、仲介手数料は費用として処理すること。

振 込 依 頼 書

東京商事株式会社 御中

株式会社白川不動産

ご契約いただき、ありがとうございます。下記の金額を以下の口座へお振込みいただきますよう、よろしくお願いいたします。

内　　　容	金　　額
仲介手数料	￥120,000
敷金	￥240,000
初月賃料	￥120,000
合　　計	￥480,000

みずたま銀行　江戸川橋支店　当座 4649103　カ) シラカワフドウサン

〔　　　　　〕（　　　　　）〔　　　　　　　〕（　　　　　）

〔　　　　　〕（　　　　　）〔　　　　　　　〕（　　　　　）

〔　　　　　〕（　　　　　）〔　　　　　　　〕（　　　　　）

解 答

（支 払 手 数 料） 120,000*1　（普 通 預 金） 480,000
（差 入 保 証 金） 240,000*2
（支 払 家 賃） 120,000*3

＊1　仲介手数料は**支払手数料**（費用）で処理します。
＊2　敷金は**差入保証金**（資産）で処理します。
＊3　初月賃料は**支払家賃**（費用）で処理します。

19. 受取商品券

例題 19 次の取引について仕訳しなさい。ただし、勘定科目は次の中からもっとも適当と思われるものを選び、記号で解答すること。

ア. 現金　　イ. 当座預金　　ウ. 受取商品券　　エ. 売上

商品¥9,000を売り上げ、代金は全国共通商品券¥8,000と現金¥1,000で受け取った。

借　　方		貸　　方	
記　号	金　額	記　号	金　額
（　　　）		（　　　）	
（　　　）		（　　　）	

答案用紙に記入したら、  **で答えを** **CHECK!**

・解けた人 ➡ 次の 例題 へ

・解けなかった人 ➡ 解き方の道しるべ へ！

商品を売り上げ、商品券を受け取ったときの処理を答える問題です。

商品券（全国共通商品券や自治体発行の商品券など）を受け取ったときは、**受取商品券（資産）**で処理します。

（ウ 受取商品券）	8,000	（エ 売　　上）	9,000
（ア 現　　金）	1,000		

受取商品券

商品を売り上げ、商品券を受け取ったとき…受取商品券（資産）で
処理

ワンポイント
CHECK!

フィードバック問題　　　　例題 19 が解けなかった人はフィードバック問題を解いて
基礎を確認しましょう。

●次の取引の仕訳をしましょう。練習のため、勘定科目は記入してみてください。

　商品￥4,000 を売り上げ、代金は自治体発行の商品券￥5,000 を受け取り、おつりは現金
で支払った。

〔　　　　　　　　　〕（　　　　　）　〔　　　　　　　　　　〕（　　　　　）
〔　　　　　　　　　〕（　　　　　）　〔　　　　　　　　　　〕（　　　　　）

解 答

（受 取 商 品 券）　5,000　　（売　　　　上）　4,000
　　　　　　　　　　　　　　（現　　　　金）　1,000

50

20. 法定福利費

例題 20 次の取引について仕訳しなさい。ただし、勘定科目は次の中からもっとも適当と思われるものを選び、記号で解答すること。

ア．現金　　イ．当座預金　　ウ．給料　　エ．社会保険料預り金　　オ．法定福利費

給料支払時に給料から差し引いている社会保険料¥75,000（従業員負担分）と、会社負担分（従業員負担分と同額）を現金で納付した。

借	方	貸	方
記　号	金　額	記　号	金　額
（　　　）		（　　　）	
（　　　）		（　　　）	

答案用紙に記入したら、  **で答えを CHECK!**

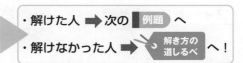

・解けた人 ➡ 次の **例題** へ

・解けなかった人 ➡ 解き方の道しるべ へ！

解き方の道しるべ

従業員負担分の社会保険料と、会社負担分の社会保険料をあわせて納付したときの処理を答える問題です。

```
給料支払時            社会保険料の
                     納付時
├──────────┼──────────────┼──────────→
```

(1) 給料支払時に従業員の給料から差し引いた、従業員負担分の社会保険料は、**社会保険料預り金（負債）**で処理しているので、納付時にはこれを減らします（借方に記入します）。

給料支払時の仕訳：

（給　　　　料）　××　　　（社会保険料預り金）　75,000
　　　　　　　　　　　　　　（現　金　な　ど）　××

(2) 会社負担分の社会保険料は、**法定福利費（費用）**で処理します。

(3) 現金で支払ったので、合計額を**現金（資産）の減少**として処理します。

　　現金の減少額：¥75,000 ＋ ¥75,000 ＝ ¥150,000

（エ　社会保険料預り金）	(1)	75,000	（ア　現　　　　金）	(3)	150,000
（オ　法定福利費）	(2)	75,000			

法定福利費

1. **会社負担分の社会保険料…法定福利費（費用）で処理**

2. **（給料支払時に天引きした）従業員負担分の社会保険料**

　　…社会保険料預り金（負債）で処理

CHECK!

フィードバック問題　　　例題20が解けなかった人はフィードバック問題を解いて基礎を確認しましょう。

●次の一連の取引の仕訳をしましょう。練習のため、勘定科目は記入してみてください。

　使用できる勘定科目：現金、普通預金、所得税預り金、社会保険料預り金、給料、
　　　　　　　　　　　　法定福利費

(1) 給料¥200,000のうち、従業員負担分の社会保険料¥10,000と、所得税の源泉徴収分¥20,000を差し引いた残額を普通預金口座から支払った。

〔　　　　　　　　〕（　　　　　　）〔　　　　　　　　〕（　　　　　　）
〔　　　　　　　　〕（　　　　　　）〔　　　　　　　　〕（　　　　　　）
〔　　　　　　　　〕（　　　　　　）〔　　　　　　　　〕（　　　　　　）

(2) (1)の従業員負担分の社会保険料と、会社負担分の社会保険料（従業員負担分と同額）を現金で支払った。

〔　　　　　　　　〕（　　　　　　）〔　　　　　　　　〕（　　　　　　）
〔　　　　　　　　〕（　　　　　　）〔　　　　　　　　〕（　　　　　　）

(1) （給　　　　　料）　200,000　　（社会保険料預り金）　　10,000
　　　　　　　　　　　　　　　　　　（所 得 税 預 り 金）　　20,000
　　　　　　　　　　　　　　　　　　（普 　通 　預 　金）　170,000
(2) （社会保険料預り金）　 10,000　　（現　　　　　　金）　　20,000
　　（法 定 福 利 費）　　 10,000

21．当座借越勘定への振り替え

例題 21 次の取引について仕訳しなさい。ただし、勘定科目は次の中からもっとも適当と思われるものを選び、記号で解答すること。

ア．普通預金Ａ銀行　　イ．普通預金Ｂ銀行　　ウ．当座預金Ａ銀行
エ．当座預金Ｂ銀行　　オ．借入金

決算において、Ａ銀行の当座預金口座が当座借越¥150,000となっている状態なので、適切な勘定に振り替える。なお、当社は複数の金融機関を利用しており、他の金融機関でも当座預金口座を開設しているため、口座ごとに勘定を設定している。なお、当社は当座借越勘定を用いていない。

借 方		貸 方	
記 号	金 額	記 号	金 額
（　　　　）		（　　　　）	

答案用紙に記入したら、 解答 で答えを CHECK!

・解けた人 ➡ 次の 例題 へ
・解けなかった人 ➡ 解き方の道しるべ へ！

解き方の道しるべ

決算において、当座借越が生じているときの処理を答える問題です。

当座借越とは、当座預金口座の残高がマイナス（当座預金が貸方残高）である状態をいいます。

当座借越が生じているときには、決算において、貸方の当座預金残高を**当座借越（負債）**または**借入金（負債）**に振り替えます。本問では、「当座借越勘定を用いていない（指定勘定科目に当座借越がない）」ため、当座預金勘定から借入金勘定に振り替えます。

また、「複数の金融機関を利用しており、…口座ごとに勘定を設定している」とあるので、「当座預金」のうしろに銀行名をつけて仕訳します。

解答

（ウ　当座預金Ａ銀行）	150,000	（オ　借　入　金）	150,000

当座借越勘定への振り替え

1. 貸方の当座預金残高を借方に振り替える。
2. 当座借越（負債）または借入金（負債）に振り替える。

フィードバック問題　　　例題21が解けなかった人はフィードバック問題を解いて
基礎を確認しましょう。

●次の取引の仕訳をしましょう。練習のため、勘定科目は記入してみてください。

使用できる勘定科目：現金、普通預金、当座預金、当座借越

決算において、当座預金口座が当座借越¥100,000となっている状態なので、適切な勘定
に振り替える。

〔　　　　　　　　〕（　　　　　　　）〔　　　　　　　　　〕（　　　　　　　）

<hr>

解 答

（当　座　預　金）100,000　　（当　座　借　越）100,000

22. 貯蔵品勘定への振り替え

例題 22 次の取引について仕訳しなさい。ただし、勘定科目は次の中からもっとも適当と思われるものを選び、記号で解答すること。

ア．貯蔵品　　イ．通信費　　ウ．租税公課

決算において、すでに費用処理されている切手（84円切手）50枚と、はがき（@¥63）20枚が未使用であることが判明したため、適切な勘定に振り替える。

借　　方		貸　　方	
記　号	金　額	記　号	金　額
（　　　）		（　　　）	

答案用紙に記入したら、**解答**で答えを
CHECK!

・解けた人 ➡ 次の 例題 へ
・解けなかった人 ➡ 解き方の道しるべ へ！

解き方の道しるべ

決算において、未使用分の郵便切手やはがきがあるときの処理を答える問題です。

購入時 ────────────────── 決算日

通信費（費用）で処理

郵便切手やはがきは、購入時に**通信費（費用）**として処理しているため、決算において未使用分がある場合には、その金額を**通信費（費用）**から**貯蔵品（資産）**に振り替えます。

貯蔵品：@¥84 × 50枚 ＋ @¥63 × 20枚 ＝ ¥5,460

解答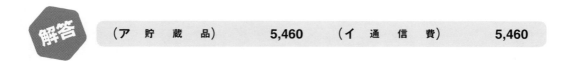

（ア　貯　蔵　品）　　5,460　　（イ　通　信　費）　　5,460

貯蔵品勘定への振り替え

決算において、未使用分の郵便切手やはがきがあるときは、通信費
（費用）から貯蔵品（資産）に振り替える。

これ、だいじょうぶ？　未使用の収入印紙の処理

　収入印紙は購入時に**租税公課（費用）**として処理しているため、決算において未使用分
がある場合には、その金額を**租税公課（費用）**から**貯蔵品（資産）**に振り替えます。

これ、だいじょうぶ？　翌期首の処理

　前期末の決算において、**通信費（費用）**や**租税公課（費用）**から**貯蔵品（資産）**に振り
替えたときは、翌期首に逆仕訳をして、もとの勘定に振り戻します。

フィードバック問題

例題22が解けなかった人はフィードバック問題を解いて
基礎を確認しましょう。

●次の一連の取引の仕訳をしましょう。練習のため、勘定科目は記入してみてください。

(1)　決算において、すでに費用処理されている切手¥5,000と収入印紙¥7,000が未使用で
　　あることが判明したため、適切な勘定に振り替える。

　　〔　　　　　　　〕（　　　　　）〔　　　　　　　　〕（　　　　　）
　　〔　　　　　　　〕（　　　　　）〔　　　　　　　　〕（　　　　　）

(2)　翌期首において、前期末に振り替えた勘定からもとの勘定への再振替仕訳を行う。

　　〔　　　　　　　〕（　　　　　）〔　　　　　　　　〕（　　　　　）
　　〔　　　　　　　〕（　　　　　）〔　　　　　　　　〕（　　　　　）

解答

(1)　（貯　蔵　品）　12,000　　（通　信　費）　5,000
　　　　　　　　　　　　　　　　（租　税　公　課）　7,000
(2)　（通　信　費）　5,000　　（貯　蔵　品）　12,000
　　　（租　税　公　課）　7,000

23. 株式の発行

例題 23 次の取引について仕訳しなさい。ただし、勘定科目は次の中からもっとも適当と思われるものを選び、記号で解答すること。

ア．現金　　イ．当座預金　　ウ．資本金　　エ．利益準備金

新株200株を1株につき@¥2,000で発行し、その全額が当座預金口座に振り込まれた。

借　　　　方		貸　　　　方	
記　　号	金　　額	記　　号	金　　額
（　　　　）		（　　　　）	

答案用紙に記入したら、 で答えを **CHECK!**

・解けた人 ➡ 次の 例題 へ
・解けなかった人 ➡ 解き方の道しるべ へ！

 解き方の道しるべ

株式会社が株式を発行したときの処理を答える問題です。

株式を発行したときの払込金額は、原則として全額を **資本金（資本）** として処理します。

　　資本金：@¥2,000 × 200株＝¥400,000

 解答

（**イ 当座預金**）	**400,000**	（**ウ 資本金**）	**400,000**

株式の発行

払込金額は、全額、資本金（資本）で処理する。

フィードバック問題　例題23が解けなかった人はフィードバック問題を解いて基礎を確認しましょう。

●次の取引の仕訳をしましょう。練習のため、勘定科目は記入してみてください。

増資にあたり、株式200株を1株¥500で発行し、全額が普通預金口座に振り込まれた。

　〔　　　　　　　　　〕（　　　　　）〔　　　　　　　　　〕（　　　　　）

解答

（普　通　預　金）100,000　　（資　　本　　金）100,000 *

　＊　@¥500 × 200株＝¥100,000

24. 剰余金の配当

例題 24 次の取引について仕訳しなさい。ただし、勘定科目は次の中からもっとも適当と思われるものを選び、記号で解答すること。

ア．現金　　イ．当座預金　　ウ．未払配当金　　エ．資本金　　オ．利益準備金
カ．繰越利益剰余金

株主総会において、繰越利益剰余金￥1,000,000 のうち一部を次のとおり処分した。
　　株主配当金　　￥200,000　　　利益準備金の積立て　　￥20,000

借　　　　方		貸　　　　方	
記　　号	金　　額	記　　号	金　　額
（　　　　）		（　　　　）	
（　　　　）		（　　　　）	

答案用紙に記入したら、  **で答えを** **CHECK!**

・解けた人 ➡ 次の 例題 へ
・解けなかった人 ➡ 解き方の道しるべ へ！

解き方の道しるべ

剰余金の配当等をしたときの処理を答える問題です。

⑴　株主配当金は、株主総会時には金額が決定するだけで、支払いは後日となります。したがって、この時点では**未払配当金（負債）**で処理します。
⑵　剰余金を配当するさいには、一定額を**利益準備金（資本）**として積み立てることが会社法により規定されています。
⑶　配当額と利益準備金の積立額の合計だけ、**繰越利益剰余金（資本）**を減らします（借方に記入します）。

解答

貸方合計

（カ　繰越利益剰余金）	⑶	**220,000**	（ウ　未払配当金）	⑴	**200,000**
			（オ　利益準備金）	⑵	**20,000**

剰余金の配当

株主総会で配当額が決定したときは、株主配当金は未払配当金（負債）で処理する。

CHECK!

フィードバック問題

例題24が解けなかった人はフィードバック問題を解いて基礎を確認しましょう。

●次の一連の取引の仕訳をしましょう。練習のため、勘定科目は記入してみてください。

(1) 株主総会の決議により、繰越利益剰余金のうち一部を次のように処分した。

株主配当金　¥80,000　　利益準備金の積立て　¥8,000

〔　　　　　〕（　　　　　）〔　　　　　　　〕（　　　　　）
〔　　　　　〕（　　　　　）〔　　　　　　　〕（　　　　　）

(2) (1)の株主配当金を普通預金口座から支払った。

〔　　　　　〕（　　　　　）〔　　　　　　　〕（　　　　　）

解答

(1) （繰越利益剰余金）　88,000　　（未 払 配 当 金）　80,000
　　　　　　　　　　　　　　　　（利 益 準 備 金）　 8,000
(2) （未 払 配 当 金）　80,000　　（普 通 預 金）　80,000

25. 消費税

例題 25 次の取引について仕訳しなさい。ただし、勘定科目は次の中からもっとも適当と思われるものを選び、記号で解答すること。

ア．売掛金　　イ．仮払消費税　　ウ．買掛金　　エ．未払消費税　　オ．仮受消費税

決算において消費税の納付額を計算し、確定した。なお、当期の消費税の仮払分は¥70,000、仮受分は¥90,000であった。

借　　方		貸　　方	
記　　号	金　　額	記　　号	金　　額
（　　　）		（　　　）	
（　　　）		（　　　）	

答案用紙に記入したら、  **で答えを CHECK!**

・解けた人 ➡ 次の 例題 へ

・解けなかった人 ➡ 解き方の道しるべ へ！

解き方の道しるべ

決算において消費税の納付額が確定したときの処理を答える問題です。

仕入時に支払った消費税は仕入価額に含めず、**仮払消費税（資産）**として処理します。また、売上時に受け取った消費税は売上価額に含めず、**仮受消費税（負債）**として処理します。

この例題では、「当期の消費税の仮払分は¥70,000、仮受分は¥90,000」とあるので、次の仕訳が行われていることがわかります。

| 仕入時： | （仕 入） | ×× | （買 掛 金 な ど） | ×× |
| | （仮 払 消 費 税） | 70,000 | | |

| 売上時： | （売 掛 金 な ど） | ×× | （売 上） | ×× |
| | | | （仮 受 消 費 税） | 90,000 |

　そして、決算において仮払消費税と仮受消費税を相殺し、差額を**未払消費税（負債）**で処理します。したがって、この例題の仕訳は次のようになります。

| （オ 仮 受 消 費 税） | 90,000 | （イ 仮 払 消 費 税） | 70,000 |
| | | （エ 未 払 消 費 税） | 20,000 |

消費税

1. **仕入時**…消費税額を仮払消費税（資産）で処理する。
2. **売上時**…消費税額を仮受消費税（負債）で処理する。
3. **決算時**…仮払消費税（資産）と仮受消費税（負債）を相殺し、差額は未払消費税（負債）で処理する。

フィードバック問題　　　　例題25が解けなかった人はフィードバック問題を解いて基礎を確認しましょう。

●次の一連の取引の仕訳をしましょう。練習のため、勘定科目は記入してみてください。

(1) 商品¥20,000を仕入れ、代金は消費税¥2,000とともに掛けとした。

　　〔　　　　　　　　〕（　　　　）〔　　　　　　　　〕（　　　　）
　　〔　　　　　　　　〕（　　　　）〔　　　　　　　　〕（　　　　）

(2) 商品¥50,000を売り上げ、代金は消費税¥5,000とともに掛けとした。

　　〔　　　　　　　　〕（　　　　）〔　　　　　　　　〕（　　　　）
　　〔　　　　　　　　〕（　　　　）〔　　　　　　　　〕（　　　　）

(3) 決算につき、消費税の仮払額と仮受額を相殺し、納付額を計算した。

　　〔　　　　　　　　〕（　　　　）〔　　　　　　　　〕（　　　　）
　　〔　　　　　　　　〕（　　　　）〔　　　　　　　　〕（　　　　）

(4) 上記(3)の消費税の納付額を現金で納付した。

〔　　　　　　　　　〕（　　　　　　）　〔　　　　　　　　　　　〕（　　　　　　）

解 答

(1) （仕　　　　　入）　20,000　（買　　掛　　金）　22,000
　　（仮 払 消 費 税）　2,000
(2) （売　掛　　金）　55,000　（売　　　　　　上）　50,000
　　　　　　　　　　　　　　　（仮 受 消 費 税）　5,000
(3) （仮 受 消 費 税）　5,000　（仮 払 消 費 税）　2,000
　　　　　　　　　　　　　　　（未 払 消 費 税）　3,000
(4) （未 払 消 費 税）　3,000　（現　　　　金）　3,000

　証ひょうから取引を読み取って、仕訳をしてみましょう。

●次の取引の仕訳をしましょう。練習のため、勘定科目は記入してみてください。
　商品を仕入れ、品物とともに次の納品書を受け取り、代金は後日支払うこととした。

納　品　書

東京商事株式会社 御中

中央商事株式会社

品　物	数　量	単　価	金　額
ファンシーボックス（S）	30	800	￥24,000
ファンシーボックス（M）	25	1,000	￥25,000
ファンシーボックス（L）	20	1,500	￥30,000
消費税			￥ 7,900
合　計			￥86,900

〔　　　　　　　〕（　　　　　）　〔　　　　　　　　　〕（　　　　　　）
〔　　　　　　　〕（　　　　　）　〔　　　　　　　　　〕（　　　　　　）

解　答

（仕　　　　　　入）79,000 *　（買　　掛　　金）86,900
（仮 払 消 費 税）　7,900

　＊　￥24,000＋￥25,000＋￥30,000＝￥79,000

26．法人税等

例題 26 次の取引について仕訳しなさい。ただし、勘定科目は次の中からもっとも適当と思われるものを選び、記号で解答すること。

ア．法人税、住民税及び事業税　　イ．未払法人税等　　ウ．仮払法人税等

　決算において、本年度の法人税￥200,000、住民税￥40,000、事業税￥30,000 が確定した。なお、期中に中間納付した法人税、住民税、事業税はそれぞれ￥80,000、￥18,000、￥15,000 であり、仮払処理している。

借　　方		貸　　方	
記　　号	金　　額	記　　号	金　　額
（　　　）		（　　　）	
（　　　）		（　　　）	

答案用紙に記入したら、  **で答えをCHECK!**

・解けた人 ➡ 次の 例題 へ
・解けなかった人 ➡ 解き方の道しるべ へ！

 解き方の道しるべ

　決算において、法人税、住民税、事業税の金額が確定したときの処理を答える問題です。

期首　中間納付時　決算日　納付時

法人税等の仮払い　法人税等の確定（未払額の計上）　未払額の納付

（1）　法人税、住民税、事業税は確定額を**法人税、住民税及び事業税**（または**法人税等**）として計上します。

　　　法人税、住民税及び事業税：￥200,000 ＋ ￥40,000 ＋ ￥30,000 ＝ ￥270,000

（2）　中間納付をしたときに中間納付額を**仮払法人税等（資産）**として処理しているため、法人税等の金額が確定したら、**仮払法人税等（資産）を取り消します。**

　　　仮払法人税等：￥80,000 ＋ ￥18,000 ＋ ￥15,000 ＝ ￥113,000

(3) 法人税等の確定額と仮払法人税等との差額は**未払法人税等（負債）**で処理します。

　　未払法人税等：¥270,000 － ¥113,000 ＝ ¥157,000

 解答

（ア　法人税、住民税及び事業税）(1)	270,000	（ウ　仮払法人税等）(2)	113,000
		（イ　未払法人税等）(3)	157,000

法人税等

1. **中間納付をしたとき**…仮払法人税等（資産）で処理

2. **決算において金額が確定したとき**

　　…(1)法人税、住民税及び事業税（または法人税等）を計上

　　(2)仮払法人税等（資産）を取り消す

　　(3)確定額と仮払法人税等の差額を未払法人税等（負債）で処理

 ワンポイント CHECK!

フィードバック問題　　例題26 が解けなかった人はフィードバック問題を解いて基礎を確認しましょう。

●次の一連の取引の仕訳をしましょう。練習のため、勘定科目は記入してみてください。

　使用できる勘定科目：当座預金、仮払法人税等、未払法人税等

　　　　　　　　　　　　法人税、住民税及び事業税

(1) 法人税等の中間申告を行い、法人税¥50,000、住民税¥10,000、事業税¥15,000 を小切手を振り出して中間納付した。

　　〔　　　　　　　　〕（　　　　　　）〔　　　　　　　　　　〕（　　　　　　）

(2) 決算につき、当期の法人税等が¥170,000 と確定した。

　　〔　　　　　　　　〕（　　　　　　）〔　　　　　　　　　　〕（　　　　　　）

　　〔　　　　　　　　〕（　　　　　　）〔　　　　　　　　　　〕（　　　　　　）

(3) 確定申告を行い、上記(2)の未払法人税等を小切手を振り出して納付した。

　　〔　　　　　　　　〕（　　　　　　）〔　　　　　　　　　　〕（　　　　　　）

解 答

(1)（仮 払 法 人 税 等）　75,000　（当 座 預 金）　75,000
(2)（法人税、住民税及び事業税）　170,000　（仮 払 法 人 税 等）　75,000
　　　　　　　　　　　　　　　　　（未 払 法 人 税 等）　95,000
(3)（未 払 法 人 税 等）　95,000　（当 座 預 金）　95,000

期 首　　中間納付時　　決算日　　納付時

　　　　　　　(1)　　　　　(2)　　　　　(3)

証ひょうからの読み取り　証ひょうから取引を読み取って、仕訳をしてみましょう。

●次の取引の仕訳をしましょう。練習のため、勘定科目は記入してみてください。
(1)　以下の納付書にもとづき、普通預金口座から振り込んだ。
　　使用できる勘定科目：普通預金、仮払法人税等、未払法人税等、法人税等

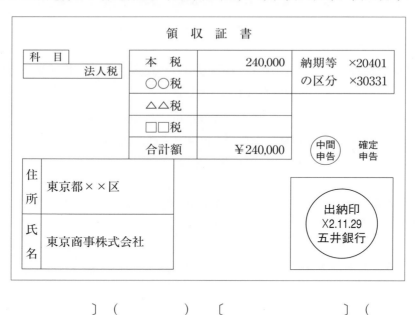

　　〔　　　　　　　　〕（　　　　　）〔　　　　　　　　〕（　　　　　）

(2) 以下の納付書にもとづき、普通預金口座から振り込んだ。

使用できる勘定科目：普通預金、仮払法人税等、未払法人税等、法人税等

領 収 証 書			
科　目　　法人税	本　税	320,000	納期等　×20401
	○○税		の区分　×30331
	△△税		
	□□税		
	合計額	￥320,000	中間申告　　確定申告
住所　東京都××区			
氏名　東京商事株式会社			出納印 X3.5.29 五井銀行

〔　　　　　　　　〕（　　　　　）〔　　　　　　　　　〕（　　　　　　　）

解 答

(1) （仮 払 法 人 税 等） 240,000 *　（普　通　預　金） 240,000

　＊　「法人税」の「中間申告」となっているので、¥240,000 は法人税の中間申告・納付額であることがわかります。したがって、**仮払法人税等（資産）** で処理します。

(2) （未 払 法 人 税 等） 320,000 *　（普　通　預　金） 320,000

　＊　「法人税」の「確定申告」となっているので、¥320,000 は法人税の確定申告・納付額であることがわかります。これは、決算時に計上した未払法人税等を納付したということなので、**未払法人税等（負債）** の減少で処理します。

決算時の仕訳：（法 人 税 等）　　××　　（仮払法人税等）　　××
　　　　　　　　　　　　　　　　　　　　（未払法人税等）　320,000

27．決算振替仕訳

例題 27　次の取引について仕訳しなさい。ただし、勘定科目は次の中からもっとも
適当と思われるものを選び、記号で解答すること。

ア．仕入　　イ．支払利息　　ウ．売上　　エ．損益　　オ．繰越利益剰余金

決算整理後の仕入勘定の残高¥70,000と支払利息勘定の残高¥4,200を損益勘定に振り替
える。

借　　　方		貸　　　方	
記　号	金　額	記　号	金　額
（　　　）		（　　　）	
（　　　）		（　　　）	

答案用紙に記入したら、  **で答えを CHECK!**

✂ **解き方の道しるべ**

決算振替仕訳を答える問題です。

決算振替仕訳とは、期末における収益・費用の各勘定残高の損益勘定への振替仕訳と、
損益勘定から繰越利益剰余金勘定への振替仕訳をいいます。

この例題では、「仕入勘定の残高¥70,000と支払利息勘定の残高¥4,200を損益勘定に振
り替える」とあるので、費用の勘定残高を損益勘定に振り替える仕訳を答えます。

なお、費用の勘定残高は**損益勘定の借方**に振り替えます。したがって、この例題の仕訳
は次のようになります。

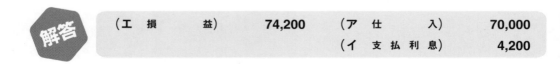

解答	（エ　損　　益）	74,200	（ア　仕　　入）	70,000
			（イ　支払利息）	4,200

決算振替仕訳

1. 収益の勘定残高は損益勘定の貸方に振り替える。

2. 費用の勘定残高は損益勘定の借方に振り替える。

3. 損益勘定の貸借差額で当期純利益または当期純損失を計算し、
   当期純利益は繰越利益剰余金勘定の貸方に、当期純損失は繰越利益剰余金勘定の
   借方に振り替える。

※ 第2問対策 例題 1 これ、だいじょうぶ? 決算振替仕訳 もあわせて確認しましょう。

フィードバック問題　　　　例題27が解けなかった人はフィードバック問題を解いて
基礎を確認しましょう。

●次の各取引の仕訳をしましょう。練習のため、勘定科目は記入してみてください。

(1) 決算整理後の売上勘定の残高￥6,000と受取手数料勘定の残高￥4,500を損益勘定に振り替える。

〔　　　　　　　〕（　　　　　）〔　　　　　　　〕（　　　　　）
〔　　　　　　　〕（　　　　　）〔　　　　　　　〕（　　　　　）

(2) 損益勘定の貸借差額を繰越利益剰余金勘定へ振り替える。なお、収益・費用の勘定から損益勘定に振り替えられた金額は、それぞれ￥10,500、￥7,500である。

〔　　　　　　　〕（　　　　　）〔　　　　　　　〕（　　　　　）

解答

(1) （売　　　　　上）6,000　（損　　　　　益）10,500
　　（受 取 手 数 料）4,500
(2) （損　　　　　益）3,000*　（繰越利益剰余金）3,000
　　　*　￥10,500 － ￥7,500 ＝ ￥3,000

28. 訂正仕訳

例題 28 次の取引について仕訳しなさい。ただし、勘定科目は次の中からもっとも適当と思われるものを選び、記号で解答すること。

ア．現金　　イ．当座預金　　ウ．売掛金　　エ．買掛金

得意先から売掛金¥26,000を同社振出の小切手で受け取り、ただちに当座預金口座に預け入れた際、誤って以下のように仕訳していた。

（借）売　掛　金　26,000　　（貸）当　座　預　金　26,000

よって、これを訂正するための仕訳を答えなさい。

借	方	貸	方
記　号	金　額	記　号	金　額
（　　　）		（　　　）	

答案用紙に記入したら、**解答**で答えを **CHECK!**

・解けた人 ➡ 実践問題 へ

・解けなかった人 ➡ 解き方の道しるべ へ！

解き方の道しるべ

過去の誤った仕訳を訂正するための仕訳を答える問題です。

誤った仕訳を取り消すには、誤った仕訳の逆仕訳をします。したがって、誤った仕訳を訂正するための仕訳は、**(1)誤った仕訳の逆仕訳**に**(2)正しい仕訳を足した仕訳**ということになります。

(1) 誤った仕訳の逆仕訳

（当　座　預　金）　　**26,000**　　（売　　掛　　金）　　**26,000**

(2) 正しい仕訳

（当　座　預　金）　　**26,000**　　（売　　掛　　金）　　**26,000**

以上より、この例題の仕訳（(1)＋(2)）は次のようになります。

 解答

| （イ 当 座 預 金） | 52,000 | （ウ 売 掛 金） | 52,000 |

訂正仕訳

(1) 誤った仕訳の逆仕訳

(2) 正しい仕訳

(3) 訂正仕訳((1)＋(2)) ← これが答え

問題 1　⏰ **23分**

答案用紙…別冊 P.1　解答…解答解説編 P.170

次の取引について仕訳しなさい。ただし、勘定科目は各取引の下の勘定科目の中からもっとも適当と思われるものを選び、記号で解答すること。

1.　小口現金係から、次のように支払いの報告を受けたため、ただちに小切手を振り出して資金を補給した。なお、当社は、小口現金について定額資金前渡制度を採用しており、小口現金係から毎週金曜日に一週間の支払報告を受け、これにもとづいて補給している。

　　通　信　費　¥13,000　　旅費交通費　¥8,500　　雑　　　費　¥1,200
　　ア．現金　　　　　　　　イ．当座預金　　　　　ウ．通信費
　　エ．小口現金　　　　　　オ．旅費交通費　　　　カ．雑費

2.　山梨商事は、商品¥200,000をクレジット払いの条件で販売した。なお、信販会社への手数料（販売代金の2％）は販売時に計上する。
　　ア．売掛金　　　　　　　イ．仕入　　　　　　　ウ．当座預金
　　エ．クレジット売掛金　　オ．売上　　　　　　　カ．支払手数料

3.　かねて仕入先中部商事より掛けで仕入れ、四国商事に対して掛けで販売していた商品50個（取得原価@¥8,000、売価@¥10,000）のうち、8個について品違いのため返品された。なお、掛け代金と相殺することとした。
　　ア．売上　　　　　　　　イ．仮払金　　　　　　ウ．売掛金
　　エ．貸倒引当金　　　　　オ．仕入　　　　　　　カ．当座預金

4.　得意先との商談のため、従業員を出張させることとし、旅費の概算額¥80,000を現金で渡した。
　　ア．当座預金　　　　　　イ．現金　　　　　　　ウ．仮払金
　　エ．旅費交通費　　　　　オ．通信費　　　　　　カ．仮受金

5.　売掛金¥60,000（前期の掛け売上分）が回収不能となったため、貸倒れとして処理した。なお、貸倒引当金の残高は¥50,000ある。
　　ア．貸倒損失　　　　　　イ．売掛金　　　　　　ウ．売上
　　エ．貸倒引当金　　　　　オ．償却債権取立益　　カ．クレジット売掛金

6. 決算にあたり、現金の実際残高を調べたところ、帳簿残高は￥420,000 であるのに対し、実際残高は￥400,000 であった。この現金過不足のうち、￥2,800 は従業員が負担すべき交通費を会社の現金で支払った取引が未記帳であるために発生したものであることが判明したが、残りの現金過不足の原因は不明である。

  ア．現金過不足   イ．当座預金   ウ．従業員立替金
  エ．未収入金   オ．現金   カ．雑損

7. 新潟商事から商品￥200,000 を仕入れ、代金のうち￥120,000 については約束手形を振り出し、残額については掛けとした。

  ア．売上   イ．仕入   ウ．受取手形
  エ．支払手形   オ．売掛金   カ．買掛金

8. 商品￥100,000 を仕入れ、代金のうち￥40,000 はすでに支払ってある手付金を充当し、残額は月末に支払うこととした。

  ア．仕入   イ．売上   ウ．前払金
  エ．買掛金   オ．前受金   カ．売掛金

9. 株式 500 株を 1 株あたり＠￥3,000 で発行し、その全額が普通預金口座に振り込まれた。

  ア．資本金   イ．普通預金   ウ．当座預金
  エ．現金   オ．未収入金   カ．雑益

10. 従業員に対する給料から所得税の源泉徴収額￥30,000 を差し引いた手取額￥300,000 を当座預金口座から支払った。

  ア．現金   イ．当座預金   ウ．普通預金
  エ．所得税預り金   オ．給料   カ．従業員立替金

11. 取引記録の確認をしたところ、得意先から売掛金￥85,000 を小切手で回収し、ただちに当座預金口座に預け入れた際、借方を現金勘定で処理していた。よって、これを訂正する仕訳を示しなさい。

  ア．売掛金   イ．現金   ウ．買掛金
  エ．売上   オ．当座預金   カ．受取手形

12. 決算整理後の以下の受取家賃勘定の記入にもとづいて、この収益の勘定から損益勘定へ振り替える仕訳をした。

受 取 家 賃

| 前 受 家 賃 | 6,000 | 当 座 預 金 | 72,000 |
| | | 未 収 家 賃 | 4,000 |

ア．受取家賃　　　　　イ．前受家賃　　　　　ウ．未収家賃
エ．売上　　　　　　　オ．雑益　　　　　　　カ．損益

13. 取引銀行のインターネットバンキングサービスから普通預金口座のＷＥＢ通帳（入出金明細）を参照したところ、以下のとおりであった。そこで、10月20日において必要な仕訳を答えなさい。なお、㈱福岡商事と熊本産業㈱は当社の商品の仕入先と得意先で商品売買はすべて掛けで行っている。

入 出 金 明 細

日 付	内 容	出金金額	入金金額	残高
10.20	振込　カ)フクオカショウジ	150,000		
10.20	振込手数料	1,000		省
10.21	ＡＴＭ入金		200,000	
10.22	振込　クマモトサンギョウ(カ		221,500	略
10.25	給与振込	660,000		

ア．支払手数料　　　　イ．買掛金　　　　　　ウ．現金
エ．売掛金　　　　　　オ．当座預金　　　　　カ．普通預金

14. 電子記録債権機関に発生記録した債権￥200,000の支払期日が到来し、債権額が当座預金口座に入金された。
ア．売掛金　　　　　　イ．現金　　　　　　　ウ．普通預金
エ．当座預金　　　　　オ．電子記録債務　　　カ．電子記録債権

15. 建物の賃貸借契約の解除にともない、敷金￥300,000の返還を受け、修繕費￥80,000を差し引いた残額が普通預金口座に入金された。
ア．減価償却費　　　　イ．建物　　　　　　　ウ．差入保証金
エ．修繕費　　　　　　オ．普通預金　　　　　カ．当座預金

次の取引について仕訳しなさい。ただし、勘定科目は各取引の下の勘定科目の中からもっとも適当と思われるものを選び、記号で解答すること。

1. 仕入先から商品¥100,000 を仕入れた。なお、代金のうち¥60,000 はすでに支払ってある手付金で充当し、残額は掛けとした。
   ア．買掛金   イ．売掛金   ウ．仕入
   エ．売上   オ．前払金   カ．未払金

2. 冷暖房機¥400,000 と事務用消耗品¥10,000 を購入し、代金のうち¥200,000 は小切手を振り出して支払い、残額は翌月末から3回に分けて支払うこととした。なお、冷暖房機の設置費用¥5,000 は現金で支払った。
   ア．当座預金   イ．現金   ウ．買掛金
   エ．備品   オ．未払金   カ．消耗品費
   キ．仕入

3. 得意先今井商事から商品¥500,000 の注文を受け、本日、同社から当座預金口座に¥120,000 の振り込みがあった。この振込額のうち¥100,000 は注文品の内金であるが、残額の内容は不明である。
   ア．売掛金   イ．仮受金   ウ．当座預金
   エ．売上   オ．前払金   カ．前受金

4. 富士商事は、香川商事に対する買掛金¥200,000 の支払いを電子債権記録機関で行うため、取引銀行を通して電子記録債務の発生記録を行った。
   ア．電子記録債務   イ．電子記録債権   ウ．買掛金
   エ．売掛金   オ．前払金   カ．支払手形

5. 株主総会において、繰越利益剰余金のうち一部を次のとおり処分した。
   株主配当金　¥1,000,000　　利益準備金の積立て　¥100,000
   ア．未払配当金   イ．損益   ウ．当座預金
   エ．繰越利益剰余金   オ．未収入金   カ．利益準備金

6. 東西銀行と南北銀行に当座預金口座を開設し、普通預金口座からそれぞれの口座に¥100,000 ずつ預け入れた。なお、当社では口座ごとに勘定を設定している。
   ア．現金   イ．未払金   ウ．当座預金
   エ．普通預金   オ．当座預金東西銀行   カ．当座預金南北銀行

7. 決算において、東西銀行の当座預金口座が当座借越¥230,000となっている状態なので、適切な勘定に振り替える。
    ア．貸付金   イ．売掛金   ウ．支払手形
    エ．当座預金   オ．買掛金   カ．当座借越

8. 当期末（×6年3月31日）に不要となった備品（×1年4月1日に取得、取得原価¥600,000、残存価額：¥60,000、減価償却方法：定額法、耐用年数：6年、記帳方法：間接法、決算日：年1回3月31日）を¥240,000で売却し、代金は先方振出の小切手で受け取った。なお、当期分の減価償却費もあわせて計上すること。
    ア．固定資産売却損   イ．減価償却費   ウ．固定資産売却益
    エ．備品減価償却累計額 オ．備品   カ．現金

9. 東商事に商品¥356,000（送料込み）を売り渡し、代金は内金¥50,000を差し引き、残額は同社振出の約束手形で受け取った。同時にこの商品を配送業者に引き渡し、送料¥6,000は月末に支払うことにした。
    ア．売掛金   イ．発送費   ウ．売上
    エ．前受金   オ．未払金   カ．受取手形

10. 商品¥70,000を販売し、代金のうち¥30,000は自治体発行の商品券で受け取り、残額は現金で受け取った。
    ア．前受金   イ．売上   ウ．売掛金
    エ．受取商品券   オ．当座預金   カ．現金

11. 原因が不明であった現金過不足につき、家賃の支払額¥7,000が二重に計上されていたことと、利息の受取額¥5,000の記帳漏れであったことが判明した際、次のように仕訳していた。
    （借）支払家賃   7,000   （貸）受取利息   5,000
                                  現金過不足   2,000
よって、これを訂正する仕訳を示しなさい。
    ア．現金過不足   イ．当座預金   ウ．現金
    エ．受取家賃   オ．受取利息   カ．支払家賃

12. 当期の決算において収益の勘定から損益勘定に振り替えられた金額は¥100,000、費用の勘定から損益勘定に振り替えられた金額は¥80,000であった。損益勘定から繰越利益剰余金勘定に振り替える決算仕訳を示しなさい。

    ア．売上　　　　　　　　　イ．仕入　　　　　　　　ウ．損益

    エ．現金　　　　　　　　　オ．繰越利益剰余金　　　　カ．当座預金

13. 取引銀行のインターネットバンキングサービスから普通預金口座のＷＥＢ通帳（入出金明細）を参照したところ、以下のとおりであった。そこで、10月22日において必要な仕訳を答えなさい。なお、熊本産業株式会社は当社の商品の得意先であり、商品売買はすべて掛けとしている。

入 出 金 明 細

日 付	内　　容	出金金額	入金金額	残高
10.20	振込　カ)フクオカショウジ	150,000		省略
10.21	ATM入金		200,000	
10.22	振込　クマモトサンギョウ(カ		222,500	
10.25	給与振込	660,000		
10.25	振込手数料	1,000		

    ア．当座預金　　　　　　　イ．売上　　　　　　　　ウ．受取手形

    エ．支払手数料　　　　　　オ．売掛金　　　　　　　カ．普通預金

14. 前期に貸倒れ処理した売掛金¥200,000のうち、¥100,000を回収し、普通預金口座に入金された。

    ア．償却債権取立益　　　　イ．普通預金　　　　　　ウ．売掛金

    エ．貸倒損失　　　　　　　オ．現金　　　　　　　　カ．貸倒引当金

15. 前期の決算において、未使用の切手代¥5,000と収入印紙代¥8,000を貯蔵品勘定に振り替えていたが、当期首において再振替仕訳を行った。

    ア．貯蔵品　　　　　　　　イ．租税公課　　　　　　ウ．法定福利費

    エ．繰越利益剰余金　　　　オ．消耗品費　　　　　　カ．通信費

　次の取引について仕訳しなさい。ただし、勘定科目は各取引の下の勘定科目の中からもっとも適当と思われるものを選び、記号で解答すること。

1. 仕入先から資金￥500,000を借り入れ、その際、同額の約束手形を振り出し、利息を差し引かれた手取額が当座預金口座に入金された。なお、借入期間は5か月、利率は年3%である。
   - ア．借入金
   - イ．受取利息
   - ウ．支払利息
   - エ．当座預金
   - オ．手形貸付金
   - カ．手形借入金

2. 商品を仕入れ、品物とともに次の納品書を受け取り、代金は後日支払うこととした。

納　品　書			
埼玉商事株式会社 御中			
			浦和商事株式会社
品　　物	数　量	単　価	金　額
A商品	60	150	￥ 9,000
B商品	40	150	￥ 6,000
C商品	20	150	￥ 3,000
		消費税	￥ 1,800
		合　計	￥19,800

   - ア．消耗品費
   - イ．未払金
   - ウ．仕入
   - エ．売上
   - オ．仮払消費税
   - カ．買掛金

3. 現金の実際有高が帳簿残高より￥5,000多かったため、かねて現金過不足勘定で処理していたが、その原因を調査したところ、家賃の受取額￥53,000を￥50,000と誤記入していたことが判明した。なお、残額については原因不明のため、雑損または雑益として処理することとした。
   - ア．支払家賃
   - イ．現金
   - ウ．雑損
   - エ．雑益
   - オ．現金過不足
   - カ．受取家賃

4. 給与支払時に給与から差し引いている社会保険料￥150,000（従業員負担分）と、会社負担分（従業員負担分と同額）を現金で納付した。
   - ア．社会保険料預り金
   - イ．所得税預り金
   - ウ．当座預金
   - エ．給料
   - オ．法定福利費
   - カ．現金

5. 決算において、当期の法人税￥250,000と住民税￥50,000、事業税￥10,000を計上する。なお、期中において法人税等の中間納付を行い、￥100,000を仮払法人税等として処理している。

  ア．仮払法人税等   イ．法定福利費   ウ．法人税、住民税及び事業税
  エ．仮受消費税   オ．未払法人税等   カ．仮払消費税

6. 決算において、すでに費用処理されている郵便切手￥4,000と収入印紙￥7,500が未使用であることが判明したため、適切な勘定に振り替える。

  ア．法定福利費   イ．通信費   ウ．現金
  エ．貯蔵品   オ．租税公課   カ．法人税、住民税及び事業税

7. 新店舗のため、建物を1か月あたり￥200,000で賃借する契約をした。契約にあたり、敷金（家賃の2か月分）と不動産業者に対する仲介手数料（家賃の1か月分）を小切手を振り出して支払った。

  ア．支払手数料   イ．差入保証金   ウ．建物
  エ．減価償却費   オ．支払手形   カ．当座預金

8. 以下の納付書にもとづき、普通預金口座から振り込んだ。

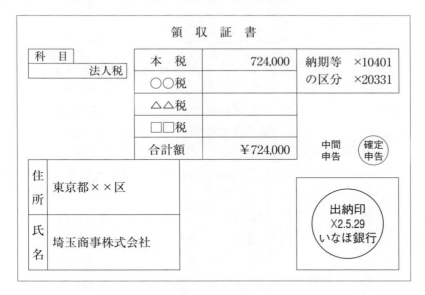

  ア．法定福利費   イ．仮払法人税等   ウ．租税公課
  エ．普通預金   オ．法人税、住民税及び事業税
  カ．未払法人税等

9. 決算において、消費税の納付額を計算し、確定した。なお、消費税の仮払分は¥160,000で、仮受分は¥400,000であった。

    ア．仮払消費税   イ．仮払法人税等   ウ．法定福利費
    エ．未払消費税   オ．租税公課   カ．仮受消費税

10. 従業員の給与総額¥1,500,000から源泉所得税¥225,000と従業員負担分の社会保険料¥120,000を差し引いた残額を会社の当座預金口座から従業員の普通預金口座に振り込んだ。

    ア．所得税預り金   イ．租税公課   ウ．給料
    エ．社会保険料預り金   オ．普通預金   カ．当座預金

11. 決算において現金過不足勘定の残高¥14,000（貸方残高）のうち¥10,000は売掛金を回収した際の記帳漏れであることが判明したが、残額は不明であるため、適切な勘定に振り替えた。

    ア．受取利息   イ．現金過不足   ウ．現金
    エ．雑損   オ．雑益   カ．売掛金

12. 以下の未払利息勘定の記入状況にもとづいて、再振替を行うための仕訳を示しなさい。

未 払 利 息

次 期 繰 越	3,000	支 払 利 息	3,000
		前 期 繰 越	3,000

    ア．支払利息   イ．支払手数料   ウ．未払利息
    エ．現金   オ．未払法人税等   カ．当座預金

13. 先月に購入した土地の整備費用¥600,000を普通預金口座から振り込んだ。なお、振込手数料¥1,000は現金で支払った。

    ア．建物   イ．修繕費   ウ．普通預金
    エ．現金   オ．土地   カ．支払手数料

14. 建物の修繕をし、修繕費¥500,000を小切手を振り出して支払った。なお、このうち¥300,000は建物の価値を高めるための資本的支出である。

    ア．現金   イ．建物   ウ．支払手形
    エ．当座預金   オ．前払金   カ．修繕費

15. 得意先に資金¥400,000を貸し付け、利息（年利率は3％、貸付期間は10か月）を差し引いた残額を当座預金口座から得意先の普通預金口座に振り込んだ。
    ア．当座預金　　　　　　イ．借入金　　　　　　　ウ．貸付金
    エ．受取利息　　　　　　オ．普通預金　　　　　　カ．支払利息

第2問対策

第2問では、勘定記入や補助簿の選択などが出題されます。

第2問はこれまでに出題されたことのない形式の問題が出されることもありますので、見たことのない問題が出題されていたら第2問は後回しにしましょう。

……第2問で出題される(可能性のある)問題……
① 勘定記入
② 補助簿の選択
③ 商品有高帳の記入
④ 手形記入帳の読み取り
⑤ 売掛金元帳・買掛金元帳
⑥ 伝票(取引から伝票を起票)
⑦ 伝票(仕訳日計表と総勘定元帳)

1. 勘定記入

例題 1　当期（×4年4月1日～×5年3月31日）中の支払手数料に関係する勘定の記入は次のとおりであった。各勘定に記入された取引を推定し、（　　　）にあてはまる語句（語群より選択し、記号で解答すること）または金額を記入しなさい。

⏰ 10分

語群：
ア．前期繰越　　イ．次期繰越　　ウ．支払手数料　　エ．前払手数料
オ．未払手数料　　カ．損益

支 払 手 数 料

12/ 1	現　　　金	60,000	4/ 1	（　　　　　　）	（　　　　　）
			3/31	前 払 手 数 料	（　　　　　）
			〃	（　　　　　）	（　　　　　）
		60,000			60,000

未 払 手 数 料

4/ 1	（　　　　　　）	3,000	4/ 1	（　　　　　　）	3,000

前 払 手 数 料

3/31	（　　　　　　）	2,000	3/ 31	（　　　　　　）	2,000

損　　　　　益

3/31	支 払 手 数 料	（　　　　　）		

答案用紙に記入したら、**解答 P.90** で答えを **CHECK!**

・解けた人 ➡ 次の 例題 へ

・解けなかった人 ➡ 解き方の道しるべ へ！

> 解き方の
> 道しるべ

　資料の勘定記入から取引を推定して、勘定の空欄をうめる問題です。このような問題は、まず資料の勘定記入から仕訳を考え、そして仕訳から取引を推定して空欄をうめていきます。なお、費用・収益の未払い・未収、前払い・前受けが行われている勘定の場合は、仕訳を考える前に前期繰越の記入を行います。

　この例題の資料の勘定を見ると、「支払手数料」「未払手数料」「前払手数料」「損益」なので、支払手数料（費用）の未払い、前払いと損益勘定への振り替えが行われていることがわかります。

STEP 1　前期繰越の記入

　決算において、資産・負債・資本（純資産）の各勘定残高は次期に繰り越されます。そこで、まずは期首の日付と資産・負債・資本（純資産）の勘定から前期繰越を探します。

　この例題では、未払手数料（負債）の勘定に期首の日付（4月1日）があります。したがって、未払手数料勘定の貸方に「**前期繰越**」と記入します。

> 未払手数料は負債の勘定なので、貸方に
> 前期繰越額が記入されます。

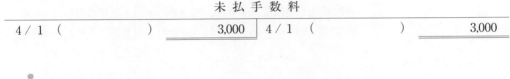

　　　　　　　　　　　　　　　　未 払 手 数 料
　4 / 1 　（　　　　　　　　）　3,000 ｜ 4 / 1 　（　　　　　　　　）　3,000

> 道しるべ
> にしたがって
> 記入すると▶▶▶

前期繰越の記入

　　　　　　　　　　　　　　　　未 払 手 数 料
　4 / 1 　（　　　　　　　　）　3,000 ｜ 4 / 1 　（ア　前期繰越）　3,000

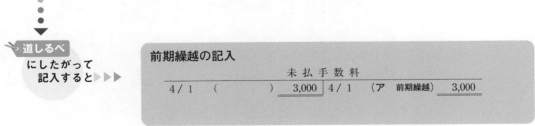

STEP 2　仕訳の作成と勘定への記入

　前期繰越を記入したら、日付順に勘定の仕訳を考え、勘定の空欄をうめていきます。

(1)　期首（4月1日）の仕訳と勘定記入

　期末において、費用・収益の未払い・未収、前払い・前受けを行ったときは、翌期首に再振替仕訳（決算整理仕訳の逆仕訳）を行います。そこで、資料の勘定から期首（4月1日）

87

の日付があるものを探して再振替仕訳をします。

　この例題では、期首（4月1日）の日付がある勘定は支払手数料勘定と未払手数料勘定です。そこで、これらの勘定の記入から再振替仕訳をして、勘定の空欄に記入してみましょう。

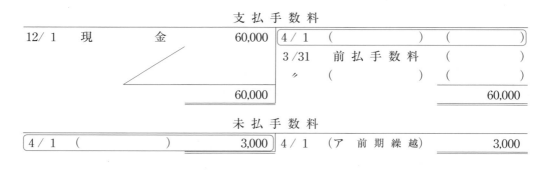

支 払 手 数 料

12/1	現　　　金	60,000	4/1	（　　　　　）	（　　　　　）
			3/31	前 払 手 数 料	（　　　）
			〃	（　　　）	（　　　）
		60,000			60,000

未 払 手 数 料

| 4/1 | （　　　　　） | 3,000 | 4/1 | （ア　前期繰越） | 3,000 |

まずは前期末の決算整理仕訳を考えてから、再振替仕訳を作ってみましょう。

前期末の仕訳：〔　　　　　〕（　　　）〔　　　　　〕（　　　）
再振替仕訳：〔　　　　　〕（　　　）〔　　　　　〕（　　　）

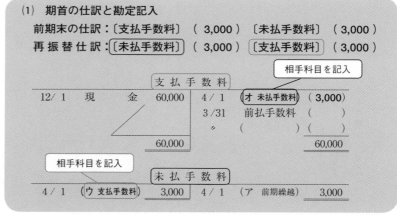

道しるべ
にしたがって
記入すると▶▶▶

(1)　期首の仕訳と勘定記入
　　前期末の仕訳：〔支払手数料〕（3,000）〔未払手数料〕（3,000）
　　再振替仕訳：〔未払手数料〕（3,000）〔支払手数料〕（3,000）

相手科目を記入

支 払 手 数 料

12/1	現　　金	60,000	4/1	（オ 未払手数料）	（3,000）
			3/31	前払手数料	（　　　）
			〃	（　　　）	（　　　）
		60,000			60,000

相手科目を記入

未 払 手 数 料

| 4/1 | （ウ 支払手数料） | 3,000 | 4/1 | （ア　前期繰越） | 3,000 |

(2)　期末（3月31日）の仕訳と勘定記入

　期末の日付（3月31日）は、支払手数料勘定、前払手数料勘定、損益勘定にあります。したがって、期末において支払手数料（費用）の前払いと、支払手数料勘定から損益勘定への振り替えが行われていることがわかります。

①支払手数料（費用）の前払い

　支払手数料勘定と前払手数料勘定から期末の決算整理仕訳を考え、各勘定に記入してみましょう。

支払手数料

12/ 1	現　　金	60,000	4/ 1	（オ　未払手数料）（ 3,000）
			3/31	前 払 手 数 料　（　　　）
			〃	（　　　）（　　　）
		60,000		60,000

前払手数料

| 3/31 | （　　　） | 2,000 | 3/31 | （　　　） | 2,000 |

決算整理仕訳：〔　　　　　〕（　　　）〔　　　　　〕（　　　）

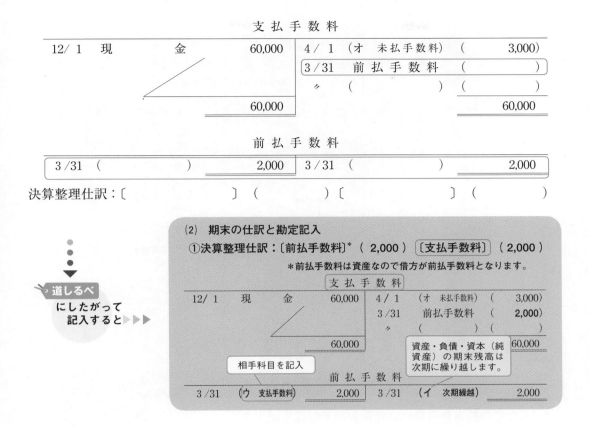

（2）　期末の仕訳と勘定記入
①決算整理仕訳：〔前払手数料〕*（ 2,000 ）〔支払手数料〕（ 2,000 ）
　　　　　　　＊前払手数料は資産なので借方が前払手数料となります。

支払手数料

12/ 1	現　　金	60,000	4/ 1	（オ　未払手数料）（ 3,000）
			3/31	前 払 手 数 料　（ 2,000）
			〃	（　　　）
		60,000		60,000

相手科目を記入

資産・負債・資本（純資産）の期末残高は次期に繰り越します。

前払手数料

| 3/31 | （ウ　支払手数料） | 2,000 | 3/31 | （イ　次期繰越） | 2,000 |

道しるべ
にしたがって
記入すると ▶▶▶

②費用勘定から損益勘定への振り替え

　期末において、**収益の各勘定残高は損益勘定の貸方**に、**費用の各勘定残高は損益勘定の借方**に振り替えます（決算振替仕訳）。そこで、支払手数料勘定と損益勘定から決算振替仕訳を考え、各勘定に記入してみましょう。

支払手数料

12/ 1	現　　金	60,000	4/ 1	（オ　未払手数料）（ 3,000）
			3/31	前 払 手 数 料　（ 2,000）
			〃	（　　　）（　　　）
		60,000		60,000

未払手数料

| 4/ 1 | （ウ　支払手数料） | 3,000 | 4/ 1 | （ア　前期繰越） | 3,000 |

前払手数料

| 3/31 | （ウ　支払手数料） | 2,000 | 3/31 | （イ　次期繰越） | 2,000 |

損　　益

| 3/31 | 支 払 手 数 料 | （　　　） | | |

決算振替仕訳：〔　　　　　〕（　　　）〔　　　　　〕（　　　）

道しるべ
にしたがって
記入すると▶▶▶

解答

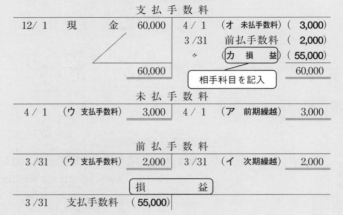

(2) 期末の仕訳と勘定記入

②決算振替仕訳：〔損　　益〕(55,000)　〔支払手数料〕(55,000 *)

＊支払手数料勘定の貸借差額

支払手数料

12/ 1	現　　金	60,000	4/ 1	(オ 未払手数料)	(3,000)
			3/31	前払手数料	(2,000)
			〃	(カ 損　　益)	(55,000)
		60,000			60,000

相手科目を記入

未払手数料

| 4/ 1 | (ウ 支払手数料) | 3,000 | 4/ 1 | (ア 前期繰越) | 3,000 |

前払手数料

| 3/31 | (ウ 支払手数料) | 2,000 | 3/31 | (イ 次期繰越) | 2,000 |

損　　益

| 3/31 | 支払手数料 | (55,000) | | |

勘定記入

CHECK!

1. 各勘定の勘定科目欄には仕訳の相手科目を記入する。

2. 期末において収益、費用の各勘定残高は損益勘定に振り替える。

3. 資産・負債・資本(純資産)の各勘定残高は次期に繰り越す。

4. 勘定記入の問題では、期首、取引時、期末の仕訳を考えながら解くように！

　　・期 首 の 仕 訳…経過勘定(未払手数料など)の再振替仕訳

　　・取引時の仕訳…取引の仕訳

　　・期 末 の 仕 訳…決算整理仕訳、収益・費用の損益勘定への振替仕訳、損益勘定から繰越
　　　　　　　　　　　利益剰余金勘定への振替仕訳

これ、だいじょうぶ？　　再振替仕訳

　前期末において未払い・未収または前払い・前受けした費用や収益は、翌期首に逆の仕訳をして振り戻します。この仕訳を**再振替仕訳**といいます。たとえば、前期末の決算において受取利息¥1,000を前受処理したときの前期末の決算整理仕訳と翌期首の再振替仕訳は次のようになります。

前期末の決算整理仕訳：(受 取 利 息) 1,000　(前 受 利 息) 1,000

逆の仕訳

翌期首の再振替仕訳：(前 受 利 息) 1,000　(受 取 利 息) 1,000

90

これ、だいじょうぶ？　　決算振替仕訳

　決算において、収益の各勘定残高は損益勘定の貸方に、費用の各勘定残高は損益勘定の借方に振り替えます。また、損益勘定の貸借差額（収益－費用）で当期純利益（または当期純損失）を計算し、**当期純利益は損益勘定から繰越利益剰余金勘定の貸方に**、**当期純損失は損益勘定から繰越利益剰余金勘定の借方**に振り替えます。これらの振替仕訳を**決算振替仕訳**といいます。

　たとえば、売上勘定の残高が¥7,000、仕入勘定の残高が¥5,000の場合の決算振替仕訳と勘定記入は次のようになります。

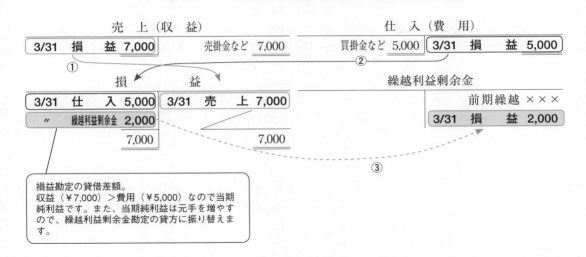

決算振替仕訳：① （売　　　　上）7,000　（損　　　　益）7,000
　　　　　　　② （損　　　　益）5,000　（仕　　　　入）5,000
　　　　　　　③ （損　　　　益）2,000　（繰越利益剰余金）2,000

売　上（収　益）	
3/31　損　　益　7,000	売掛金など　7,000

①

仕　入（費　用）	
買掛金など　5,000	**3/31　損　　益　5,000**

②

損　　　　益	
3/31　仕　入　5,000	3/31　売　上　7,000
〃　　繰越利益剰余金　2,000	
7,000	7,000

繰越利益剰余金	
前期繰越　×××	
	3/31　損　　益　2,000

③

> 損益勘定の貸借差額。
> 収益（¥7,000）＞費用（¥5,000）なので当期純利益です。また、当期純利益は元手を増やすので、繰越利益剰余金勘定の貸方に振り替えます。

これ、だいじょうぶ？　　決算振替仕訳

　決算において、収益の各勘定残高は損益勘定の貸方に、費用の各勘定残高は損益勘定の借方に振り替えます。また、損益勘定の貸借差額（収益－費用）で当期純利益（または当期純損失）を計算し、**当期純利益は損益勘定から繰越利益剰余金勘定の貸方に**、**当期純損失は損益勘定から繰越利益剰余金勘定の借方**に振り替えます。これらの振替仕訳を**決算振替仕訳**といいます。

　たとえば、売上勘定の残高が¥7,000、仕入勘定の残高が¥5,000の場合の決算振替仕訳と勘定記入は次のようになります。

決算振替仕訳：① （売　　　　上）7,000　（損　　　　益）7,000
　　　　　　　② （損　　　　益）5,000　（仕　　　　入）5,000
　　　　　　　③ （損　　　　益）2,000　（繰越利益剰余金）2,000

> 損益勘定の貸借差額。
> 収益（¥7,000）＞費用（¥5,000）なので当期純利益です。また、当期純利益は元手を増やすので、繰越利益剰余金勘定の貸方に振り替えます。

●次の一連の取引の仕訳をし、以下の諸勘定に記入してみましょう。練習のため、勘定科目は記入してみてください。

4/ 1　前払利息勘定の残高¥300を支払利息勘定に振り替える。

〔　　　　　　　〕（　　　　　　）〔　　　　　　　　〕（　　　　　）

11/ 1　借入金の利息¥1,200を現金で支払った。

〔　　　　　　　〕（　　　　　　）〔　　　　　　　　〕（　　　　　）

3/31　決算につき、支払利息のうち¥700を次期の費用として前払処理する。

〔　　　　　　　〕（　　　　　　）〔　　　　　　　　〕（　　　　　）

〃　　支払利息勘定の残高¥800を損益勘定に振り替える。

〔　　　　　　　〕（　　　　　　）〔　　　　　　　　〕（　　　　　）

前 払 利 息

4/ 1　前期繰越	300	4/ 1 (	) (	)
3/31 (	) (	)	3/31 (	) (	)
	(	)		(	)

支 払 利 息

4/ 1 (	) (	)	3/31 (	) (	)
11/ 1 (	) (	)	〃 (	) (	)
	(	)		(	)

損 益

3/31 (	) (	)	

解答

```
4/ 1（支 払 利 息）　 300　　（前 払 利 息）　 300
11/ 1（支 払 利 息）1,200　　（現　　　　金）1,200
3/31（前 払 利 息）　 700　　（支 払 利 息）　 700
  〃 （損　　　　益）　 800　　（支 払 利 息）　 800
```

前 払 利 息

4/ 1　前期繰越	300	4/ 1 (支 払 利 息)	(300)
3/31 (支 払 利 息)	(700)	3/31 (次 期 繰 越)	(700)
	(1,000)		(1,000)

支 払 利 息

4/ 1 (前 払 利 息)	(300)	3/31 (前 払 利 息)	(700)
11/ 1 (現　　金)	(1,200)	〃 (損　　益)	(800)
	(1,500)		(1,500)

損 益

3/31 (支 払 利 息)	(800)	

2．補助簿の選択

例題 2 　神田商事では、答案用紙に記載している補助簿を用いている。次の取引は
どの補助簿に記入されるか、答案用紙の補助簿の記号に○印をつけなさい。

⏰10分

(1)　築地商事に対する売掛金￥2,000 を同社振出の小切手で受け取った。

(2)　浅草商事から商品￥3,000 を仕入れ、代金のうち￥1,000 は約束手形を振り出して支払
い、残額は掛けとした。

(3)　月島商事に商品￥4,500 を売り上げ、代金のうち￥2,000 は同社振出の約束手形で受け
取り、残額は現金で受け取った。

(4)　先に掛けで仕入れた商品のうち￥100 を品違いのため返品した。なお、代金は掛け代
金から減額する。

(5)　備品￥230,000 を購入し、代金は翌月払いとした。なお、設置費用￥1,000 は現金で支払っ
た。

答案用紙

補助簿 ＼ 取引	(1)	(2)	(3)	(4)	(5)
A．現 金 出 納 帳	A	A	A	A	A
B．仕 入 帳	B	B	B	B	B
C．売 上 帳	C	C	C	C	C
D．商 品 有 高 帳	D	D	D	D	D
E．売 掛 金 元 帳	E	E	E	E	E
F．買 掛 金 元 帳	F	F	F	F	F
G．受 取 手 形 記 入 帳	G	G	G	G	G
H．支 払 手 形 記 入 帳	H	H	H	H	H
I．固 定 資 産 台 帳	I	I	I	I	I

答案用紙に記入したら、  **で答えを CHECK!**

ーーーーーーーーーーーーーーーーーーーーーーーーーーーーーーーーーー

　まず取引の仕訳をして、仕訳の勘定科目からどの補助簿に記入するかを判断します。なお、商品の移動がある取引（仕入、売上、返品）は商品有高帳にも記入することに注意してください。

STEP 1 取引の仕訳

　　　〔　　〕には勘定科目を、（　　）には金額を記入して仕訳を作りましょう。

(1)　築地商事に対する売掛金￥2,000を同社振出の小切手で受け取った。

　　　〔　　　　　　　　　〕（　　　　　　）〔　　　　　　　　　〕（　　　　　　）

(2)　浅草商事から商品￥3,000を仕入れ、代金のうち￥1,000は約束手形を振り出して支払い、残額は掛けとした。

　　　〔　　　　　　　　　〕（　　　　　　）〔　　　　　　　　　〕（　　　　　　）
　　　〔　　　　　　　　　〕（　　　　　　）〔　　　　　　　　　〕（　　　　　　）

(3)　月島商事に商品￥4,500を売り上げ、代金のうち￥2,000は同社振出の約束手形で受け取り、残額は現金で受け取った。

　　　〔　　　　　　　　　〕（　　　　　　）〔　　　　　　　　　〕（　　　　　　）
　　　〔　　　　　　　　　〕（　　　　　　）〔　　　　　　　　　〕（　　　　　　）

(4)　先に掛けで仕入れた商品のうち￥100を品違いのため返品した。なお、代金は掛け代金から減額する。

　　　〔　　　　　　　　　〕（　　　　　　）〔　　　　　　　　　〕（　　　　　　）

(5)　備品￥230,000を購入し、代金は翌月払いとした。なお、設置費用￥1,000は現金で支払った。

　　　〔　　　　　　　　　〕（　　　　　　）〔　　　　　　　　　〕（　　　　　　）
　　　〔　　　　　　　　　〕（　　　　　　）〔　　　　　　　　　〕（　　　　　　）

道しるべ
にしたがって
記入すると ▶ ▶ ▶

(1)	〔現　　　　金〕	（　2,000）	〔売　掛　金〕	（　2,000）	
(2)	〔仕　　　　入〕	（　3,000）	〔支　払　手　形〕	（　1,000）	
			〔買　掛　金〕	（　2,000）	
(3)	〔受　取　手　形〕	（　2,000）	〔売　　　上〕	（　4,500）	
	〔現　　　　金〕	（　2,500）			
(4)	〔買　掛　金〕	（　　100）	〔仕　　　入〕	（　　100）	
(5)	〔備　　　　品〕	（231,000）	〔未　払　金〕	（230,000）	
			〔現　　　金〕	（　1,000）	

STEP 2　補助簿の選択

　仕訳の勘定科目から、どの補助簿に記入するかを判断します。また、**売上**と**仕入**は商品が移動するため、**商品有高帳にも記入する**ことに注意してください。なお、**返品**も商品が移動するので**商品有高帳に記入します**。

道しるべ
にしたがって
記入すると ▶▶▶

解答

仕訳に「仕入」と「売上」があったら商品有高帳にも記入するのを忘れずに！

補助簿 ＼ 取引	(1)	(2)	(3)	(4)	(5)
A. 現 金 出 納 帳	Ⓐ	A	Ⓐ	A	Ⓐ
B. 仕　　入　　帳	B	Ⓑ	B	Ⓑ	B
C. 売　　上　　帳	C	C	Ⓒ	C	C
D. 商 品 有 高 帳	D	Ⓓ	Ⓓ	Ⓓ	D
E. 売 掛 金 元 帳	Ⓔ	E	E	E	E
F. 買 掛 金 元 帳	F	Ⓕ	F	Ⓕ	F
G. 受 取 手 形 記 入 帳	G	G	Ⓖ	G	G
H. 支 払 手 形 記 入 帳	H	Ⓗ	H	H	H
I. 固 定 資 産 台 帳	I	I	I	I	Ⓘ

補助簿の選択

ワンポイント
CHECK!

STEP 1　取引の仕訳をする。

STEP 2　補助簿を選択する。

　　　　・商品の移動があるもの（仕入、売上、返品）は商品有高帳にも記入する。

3. 商品有高帳の記入

例題 3　次の資料にもとづき、〔問1〕先入先出法と〔問2〕移動平均法による場合の商品有高帳の記入と売上原価および売上総利益を計算しなさい。ただし、仕入戻しは商品有高帳の払出欄に返品した商品の仕入単価で記入すること（商品有高帳の締め切りは不要）。また、〔問1〕先入先出法の場合における商品有高帳の仕入時の残高欄の記入は、直前の残高欄の数量・単価・金額を記入したうえで、仕入時の数量・単価・金額を記入すること。

⏰ **20分**

〔資料〕　10月2日　仕　　入　　200個　@¥424
　　　　　　14日　売　　上　　180個　@¥700
　　　　　　20日　仕　　入　　240個　@¥431
　　　　　　21日　仕入戻し　　60個　@¥431
　　　　　　25日　売　　上　　220個　@¥720

〔問1〕先入先出法の場合

商 品 有 高 帳

（先入先出法）　　　　　　　　　A商品

日付		摘　要	受　入			払　出			残　高		
			数　量	単　価	金　額	数　量	単　価	金　額	数　量	単　価	金　額
10	1	前月繰越	100	400	40,000				100	400	40,000
	2	仕　　入									
	14	売　　上									
	20	仕　　入									
	21	仕入戻し									
	25	売　　上									

売上原価：¥（　　　　　　　　）　　　売上総利益：¥（　　　　　　　　）

〔問2〕移動平均法の場合

商　品　有　高　帳
A商品

（移動平均法）

日付		摘　要	受　入			払　出			残　高		
			数　量	単　価	金　額	数　量	単　価	金　額	数　量	単　価	金　額
10	1	前 月 繰 越	100	400	40,000				100	400	40,000
	2	仕　　　　入									
	14	売　　　　上									
	20	仕　　　　入									
	21	仕 入 戻 し									
	25	売　　　　上									

売上原価：¥（　　　　　　　　　）　　　　売上総利益：¥（　　　　　　　　　）

答案用紙に記入したら、  **で答えを CHECK!** ▶

・解けた人 ➡ 次の 例題 へ

・解けなかった人 ➡ 解き方の道しるべ へ！

　商品有高帳の記入は**原価**で行います。したがって、商品を売り上げた場合には払出欄に売価ではなく、原価で記入することに注意してください。また、問題文の指示により、仕入戻しは払出欄に記入し、残高欄の調整も行います。なお、売上高の計算は**売価**で行い、売上原価は売上時の払出欄の金額を合計して求めます。

商品有高帳

1. 商品有高帳には原価で記入。
2. 売上原価の計算…売上時の払出欄の金額を合計する。
3. 売上高の計算は売価で！
4. 売上高から売上原価を差し引いて売上総利益を計算。

〔問1〕 先入先出法の場合

　先入先出法は、先に仕入れた（受け入れた）ものから先に売り上げた（払い出した）と仮定して商品の払出単価を決める方法です。したがって、先入先出法の場合、単価が違う商品を受け入れたら、それらを分けて記入します。

　先入先出法のイメージを示すと次のとおりです。

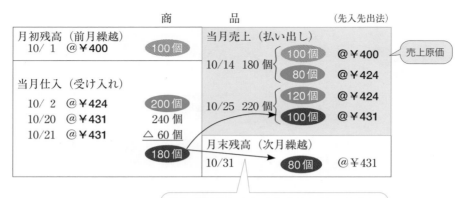

〔問 1〕 先入先出法の場合

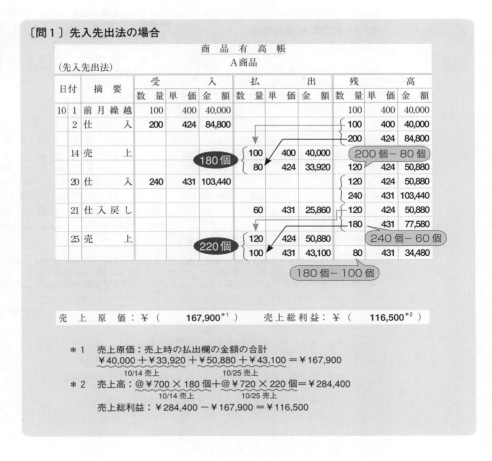

商 品 有 高 帳
A商品

（先入先出法）

日付		摘 要	受 入			払 出			残 高		
			数量	単価	金額	数量	単価	金額	数量	単価	金額
10	1	前 月 繰 越	100	400	40,000				100	400	40,000
	2	仕　　　入	200	424	84,800				100	400	40,000
									200	424	84,800
	14	売　　　上				100	400	40,000			
						80	424	33,920	120	424	50,880
	20	仕　　　入	240	431	103,440				120	424	50,880
									240	431	103,440
	21	仕 入 戻 し				60	431	25,860	120	424	50,880
									180	431	77,580
	25	売　　　上				120	424	50,880			
						100	431	43,100	80	431	34,480

180個

200個－80個

240個－60個

220個

180個－100個

売 上 原 価：¥（ 167,900[*1] ）　　売上総利益：¥（ 116,500[*2] ）

* 1　売上原価：売上時の払出欄の金額の合計
¥40,000＋¥33,920＋¥50,880＋¥43,100＝¥167,900
　　　　10/14売上　　　　　　　10/25売上
* 2　売上高：@¥700×180個＋@¥720×220個＝¥284,400
　　　　　　　10/14売上　　　　 10/25売上
売上総利益：¥284,400－¥167,900＝¥116,500

〔問 2〕 **移動平均法の場合**

　移動平均法は、商品の仕入れ（受け入れ）のつど、平均単価を計算して、その平均単価を払出単価とする方法です。また、仕入戻しがあった場合には、平均単価を計算しなおします。

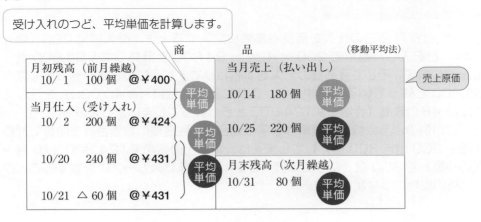

受け入れのつど、平均単価を計算します。

商　　　　品　　　　（移動平均法）

月初残高（前月繰越）	当月売上（払い出し）
10/ 1　100個　@¥400	10/14　180個
当月仕入（受け入れ）	10/25　220個
10/ 2　200個　@¥424	月末残高（次月繰越）
10/20　240個　@¥431	10/31　80個
10/21　△60個　@¥431	

平均単価

売上原価

99

解答

［問2〕移動平均法の場合

> Ⓐ
> ①はじめに金額（残高）を計算します。
> ￥40,000 ＋ ￥84,800 ＝ ￥124,800
> ②次に数量（残高）を計算します。
> 100個 ＋ 200個 ＝ 300個
> ③最後に単価（残高）を計算します。
> ￥124,800 ÷ 300個 ＝ @￥416

商 品 有 高 帳
A商品

（移動平均法）

日付		摘　要	受　入			払　出			残　高		
			数 量	単 価	金 額	数 量	単 価	金 額	数 量	単 価	金 額
10	1	前月繰越	100	400	40,000				100	400	40,000
	2	仕　入	200	424	84,800				300	Ⓐ 416	124,800
	14	売　上				180	416	74,880	120	416	49,920
	20	仕　入	240	431	103,440				360	Ⓑ 426	153,360
	21	仕入戻し				60	431	25,860	300	Ⓒ 425	127,500
	25	売　上				220	425	93,500	80	425	34,000

> Ⓑ
> ①￥49,920 ＋ ￥103,440 ＝ ￥153,360
> ②120個 ＋ 240個 ＝ 360個
> ③￥153,360 ÷ 360個 ＝ @￥426

> Ⓒ
> ①￥153,360 － ￥25,860 ＝ ￥127,500
> ②360個 － 60個 ＝ 300個
> ③￥127,500 ÷ 300個 ＝ @￥425

売 上 原 価：￥（　　　168,380[*1]　　　）　　売 上 総 利 益：￥（　　　116,020[*2]　　　）

*1　売上原価：売上時の払出欄の金額の合計
　　　￥74,880 ＋ ￥93,500 ＝ ￥168,380
　　　10/14売上　　10/25売上

*2　売上高：@￥700 × 180個 ＋ @￥720 × 220個 ＝ ￥284,400
　　　　　　　 10/14売上　　　　　 10/25売上
　　　売上総利益：￥284,400 － ￥168,380 ＝ ￥116,020

クロキチの ㊙ 合格テクニック

移動平均法の残高欄は、はじめに金額を計算！

　たとえば、10月2日の仕入を商品有高帳に記入するとき、受入欄に200（個）、424（円）と記入し、電卓で200 × 424 ＝ 84,800と計算して￥84,800を金額欄に記入します。そして残高欄の記入をするわけですが、このとき、せっかく電卓に￥84,800と残っているのですから、これに直前の残高（￥40,000）を足して10月2日現在の残高（金額）￥124,800から計算してしまいましょう。

　また、この例のように数量が簡単な数字の場合は、残高欄の数量合計を暗算で計算（100個 ＋ 200個 ＝ 300個）してしまえば、電卓上の金額￥124,800（10月2日現在の残高）を300個で割って単価（@￥416）までスムーズに計算することができ、時間の短縮につながります。

4．手形記入帳の読み取り

例題 4　(1)次の帳簿の名称を答案用紙の（　　）に記入し、(2)答案用紙に指示した
日付の仕訳を行いなさい。ただし、（　　）にあてはまる用語および仕訳
の勘定科目は、次の中からもっとも適当と思われるものを選択し、記号で
解答すること。

ア．受取手形　　イ．仕入　　　ウ．買掛金　　　エ．売上　　　オ．売掛金
カ．支払手形　　キ．当座預金

⏰**6分**

（　　　　　）記入帳

×年		手形種類	手形番号	摘要	受取人	振出人	振出日		満期日		支払場所	手形金額	てん末		
							月	日	月	日			月	日	摘要
9	11	約手	21	仕入	湘南商事	当　社	9	11	10	31	熊谷銀行	1,000	10	31	当座預金口座から支払い
10	16	約手	31	買掛金	熱海商事	当　社	10	16	11	30	大宮銀行	4,000			

(1)（　　　　　）記入帳

(2)

取引日	借　方		貸　方	
	記　号	金　額	記　号	金　額
9 /11	（　　）		（　　）	
10/16	（　　）		（　　）	
10/31	（　　）		（　　）	

答案用紙に記入したら、  **で答えを CHECK!**

・解けた人 ➡ 次の 例題 へ

・解けなかった人 ➡ 解き方の道しるべ へ！

解き方の道しるべ

この例題のように、過去の試験では手形記入帳の内容から帳簿名（受取手形記入帳か支払手形記入帳か）を判断して、取引日の仕訳を行う問題が出題されています。

(1) 帳簿名

帳簿名は摘要欄を見て判断します。摘要欄に「仕入」や「買掛金」が記入されていたら**支払手形記入帳**、「売上」や「売掛金」が記入されていたら**受取手形記入帳**となります。

この例題の摘要欄を見ると「仕入」と「買掛金」があります。また、てん末欄にも「当座預金口座から支払い」とありますので、この手形記入帳は**支払手形記入帳**であることがわかります。

(2) 仕 訳

手形記入帳のてん末欄より前には**手形の増加取引**が記入されます。したがって、支払手形記入帳なら仕訳の貸方が「支払手形」となります。なお、相手科目は摘要欄の勘定科目を記入します。また、手形記入帳のてん末欄には**手形の減少取引**が記入されます。したがって、支払手形記入帳なら仕訳の借方が「支払手形」となります。

道しるべ
にしたがって
記入すると ▶ ▶ ▶

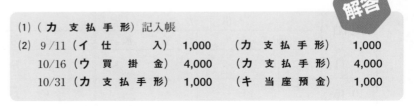

解答

(1)（**カ 支 払 手 形**）記入帳
(2) 9 /11（**イ 仕　　入**）1,000　（**カ 支 払 手 形**）1,000
　　10/16（**ウ 買 掛 金**）4,000　（**カ 支 払 手 形**）4,000
　　10/31（**カ 支 払 手 形**）1,000　（**キ 当 座 預 金**）1,000

手形記入帳の読み取り

1. 帳簿名は「摘要欄」で判断。

- 「仕入」、「買掛金」が記入されていたら → **支払手形記入帳**
- 「売上」、「売掛金」が記入されていたら → **受取手形記入帳**

2. てん末欄より前は手形の増加取引、てん末欄は手形の減少取引が記入される。

手形の増加取引 手形の減少取引

支払手形記入帳

×年		手形種類	手形番号	摘要	受取人	振出人	振出日 月	日	満期日 月	日	支払場所	手形金額	てん末 月	日	摘要
9	11	約手	21	仕入	湘南商事	当社	9	11	10	31	熊谷銀行	1,000	10	31	当座預金口座から支払い
10	16	約手	31	買掛金	熱海商事	当社	10	16	11	30	大宮銀行	4,000			

> **相手科目**
>
> 9/11　（仕　　　入）　1,000　（支払手形）　1,000
> 10/16（買　掛　金）　4,000　（支払手形）　4,000

> 10/31　（支払手形）　1,000　（当座預金）　1,000

受取手形記入帳

×年		手形種類	手形番号	摘要	支払人	振出人または裏書人	振出日 月	日	満期日 月	日	支払場所	手形金額	てん末 月	日	摘要
10	3	約手	12	売上	前橋商事	前橋商事	10	3	12	3	北東銀行	2,000	11	8	当座預金口座に入金
11	4	約手	28	売掛金	藤岡商事	藤岡商事	11	4	1	4	南北銀行	3,000			

> **相手科目**
>
> 10/ 3（受取手形）　2,000　（売　　　上）　2,000
> 11/ 4（受取手形）　3,000　（売　掛　金）　3,000

> 11/ 8（当座預金）　2,000　（受取手形）　2,000

5．売掛金元帳・買掛金元帳

例題 5 倉田商事（年1回、3月決算）の以下の取引を、答案用紙の売掛金元帳に記入しなさい。なお、月末の締め切りも行うこと。

⏰ **10分**

5／1 売掛金の前月繰越高は￥6,000（古田商事￥2,000、新井商事￥4,000）である。

6 古田商事に商品￥3,200、新井商事に商品￥5,500をそれぞれ掛けで販売した。

8 新井商事に6日に販売した商品のうち￥500が品違いのため、返品された。

14 新井商事に対する売掛金￥3,000を先方振出の小切手で回収した。

20 新井商事に商品￥4,500を販売し、代金のうち￥2,500は小切手で受け取り、残額は掛けとした。

25 古田商事に対する売掛金￥1,500を先方振出の約束手形で回収した。

売 掛 金 元 帳
古 田 商 事

×年		摘　　　　要	借　方	貸　方	借/貸	残　高
5	1	前　月　繰　越				
	6	売　　　　　上			省	
	25	約束手形の受け取り			略	
	31	次　月　繰　越				
6	1	前　月　繰　越				

売 掛 金 元 帳
新 井 商 事

×年		摘　　　　要	借　方	貸　方	借/貸	残　高
5	1	前　月　繰　越				
	6	売　　　　　上				
	8	返　　　　　品			省	
	14	入　　　　　金			略	
	20	売　　　　　上				
	31	次　月　繰　越				
6	1	前　月　繰　越				

答案用紙に記入したら、 解答 P.108 **で答えを** CHECK!

・解けた人 ➡ 次の 例題 へ

・解けなかった人 ➡ 解き方の道しるべ へ！

　売掛金元帳には売掛金の増減取引が、買掛金元帳には買掛金の増減取引が記入されます。したがって、まずは取引の仕訳をして、売掛金（または買掛金）の金額を売掛金元帳（または買掛金元帳）に記入しましょう。

　なお、この例題のように取引先が2つ（古田商事と新井商事）あった場合、どちらの会社の売掛金元帳（または買掛金元帳）に記入するかをしっかりと確認してください。

STEP 1 取引の仕訳

〔　〕には勘定科目を、（　）には金額を記入して仕訳を作りましょう。

　下書き用紙に取引の仕訳を書いていきます。このとき、売掛金の後ろには会社名を書いておきましょう。

> 〔売掛金・古田〕のようになります。

5/ 6　古田商事に商品￥3,200、新井商事に商品￥5,500 をそれぞれ掛けで販売した。

〔　　　　　　〕（　　　　　）〔　　　　　　　〕（　　　　　）
〔　　　　　　〕（　　　　　）〔　　　　　　　〕（　　　　　）

5/ 8　新井商事に6日に販売した商品のうち￥500 が品違いのため、返品された。

〔　　　　　　〕（　　　　　）〔　　　　　　　〕（　　　　　）

5/14　新井商事に対する売掛金￥3,000 を先方振出の小切手で回収した。

〔　　　　　　〕（　　　　　）〔　　　　　　　〕（　　　　　）

5/20　新井商事に商品￥4,500 を販売し、代金のうち￥2,500 は小切手で受け取り、残額は掛けとした。

〔　　　　　　〕（　　　　　）〔　　　　　　　〕（　　　　　）
〔　　　　　　〕（　　　　　）〔　　　　　　　〕（　　　　　）

5/25　古田商事に対する売掛金￥1,500 を先方振出の約束手形で回収した。

〔　　　　　　〕（　　　　　）〔　　　　　　　〕（　　　　　）

```
5/ 6 〔売 掛 金・古 田〕（ 3,200 ）   〔売        上〕（ 3,200 ）
     〔売 掛 金・新 井〕（ 5,500 ）   〔売        上〕（ 5,500 ）
5/ 8 〔売        上〕（   500 ）   〔売 掛 金・新 井〕（   500 ）
5/14 〔現        金〕（ 3,000 ）   〔売 掛 金・新 井〕（ 3,000 ）
5/20 〔現        金〕（ 2,500 ）   〔売        上〕（ 4,500 ）
     〔売 掛 金・新 井〕（ 2,000 ）
5/25 〔受 取 手 形〕（ 1,500 ）   〔売 掛 金・古 田〕（ 1,500 ）
```

道しるべ
にしたがって
記入すると ▶▶▶

STEP 2　会社名にマークをつける

売掛金元帳に記入する前に STEP 1 の仕訳に会社別のマークをつけておきましょう。

仕訳の会社名にマークをつけて、ミスを防ごう！

　この例題のように、複数の会社の売掛金元帳を作成するときは、下書き用紙に書いた仕訳の会社名にマークをつけておきましょう。

　たとえば、仕訳の売掛金のうち、古田商事は ◯ で、新井商事は □ で囲んでおきます。そして、古田商事の売掛金元帳を作成するときは ◯ を目印にして集計し、新井商事の売掛金元帳を作成するときは □ を目印にして集計していくと、記入ミスを防ぐことができます。

それでは、STEP 1 の仕訳のうち「古田」に ◯ を、「新井」に □ をつけてみてください。

```
5/ 6 〔売 掛 金・(古 田)〕（ 3,200 ）   〔売        上〕（ 3,200 ）
     〔売 掛 金・[新 井]〕（ 5,500 ）   〔売        上〕（ 5,500 ）
5/ 8 〔売        上〕（   500 ）   〔売 掛 金・[新 井]〕（   500 ）
5/14 〔現        金〕（ 3,000 ）   〔売 掛 金・[新 井]〕（ 3,000 ）
5/20 〔現        金〕（ 2,500 ）   〔売        上〕（ 4,500 ）
     〔売 掛 金・[新 井]〕（ 2,000 ）
5/25 〔受 取 手 形〕（ 1,500 ）   〔売 掛 金・(古 田)〕（ 1,500 ）
```

道しるべ
にしたがって
記入すると ▶▶▶

STEP 3 売掛金元帳への記入

最後に会社別に売掛金元帳に記入します。

道しるべ
にしたがって
記入すると ▶▶▶

解答

売　掛　金　元　帳
古　田　商　事

×年		摘　　　　　要	借　　方	貸　　方	借貸	残　　高
5	1	前　月　繰　越	2,000			2,000
	6	売　　　　　上	3,200		省	5,200
	25	約束手形の受け取り		1,500		3,700
	31	次　月　繰　越		3,700	略	
			5,200	5,200		
6	1	前　月　繰　越	3,700			3,700

合計金額が一致

売　掛　金　元　帳
新　井　商　事

×年		摘　　　　　要	借　　方	貸　　方	借貸	残　　高
5	1	前　月　繰　越	4,000			4,000
	6	売　　　　　上	5,500			9,500
	8	返　　　　　品		500		9,000
	14	入　　　　　金		3,000	省	6,000
	20	売　　　　　上	2,000			8,000
	31	次　月　繰　越		8,000	略	
			11,500	11,500		
6	1	前　月　繰　越	8,000			8,000

合計金額が一致

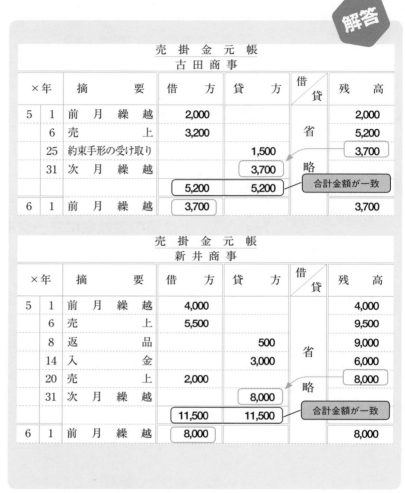

6. 伝票① 取引から伝票を起票

例題 6 次の取引について、下記の伝票に記入しなさい。当社は3伝票制を採用している。なお、勘定科目は次の中からもっとも適当と思われるものを選択し、記号で解答すること。

ア．当座預金　　イ．現金　　ウ．買掛金　　エ．売上　　オ．売掛金　　カ．仕入

⏰2分

〔**取引**〕 商品¥60,000を売り渡し、代金のうち¥10,000は相手先振出の小切手で受け取り、残額は掛けとした。

入　金　伝　票		振　替　伝　票			
科　　　目	金　額	借方科目	金　　額	貸方科目	金　　額
売　　　　上	（　　　）	（　　）	（　　　）	（　　）	（　　　）

答案用紙に記入したら、  **で答えを CHECK!** ➡

解き方の道しるべ

　この例題は取引から伝票を起票する問題です。このような問題は取引の仕訳をしてから伝票に記入します。

　なお、ひとつの取引に現金取引と現金以外の取引が含まれている場合（一部現金取引）の起票方法には、**取引を分解して起票する方法**と**2つの取引が同時にあったとみなして起票する方法**の2つがありますので、資料（または答案用紙）の伝票の記入状況からいずれの方法によって起票するかを判断してください。

STEP 1 取引の仕訳

　〔　　〕には勘定科目を、（　　）には金額を記入して仕訳を作りましょう。

問題文の取引の仕訳を考えます。

〔取引〕商品￥60,000 を売り渡し、代金のうち￥10,000 は相手先振出の小切手で受け取り、
　　　　残額は掛けとした。

　　〔　　　　　　　　〕（　　　　　　）〔　　　　　　　　　〕（　　　　　　）
　・〔　　　　　　　　〕（　　　　　　）〔　　　　　　　　　〕（　　　　　　）

道しるべ
にしたがって
記入すると▶▶▶

> 取引の仕訳
>
> 〔現　　　　　金〕（ 10,000 ）〔売　　　　上〕（ 60,000 ）
> 〔売　掛　　金〕（ 50,000 ）〔　　　　　　　〕（　　　　　）

STEP 2　伝票の仕訳

不明な箇所は空欄のままにしておきましょう。

次に資料（または答案用紙）の伝票に記入されている勘定科目や金額から仕訳を考えます。

入 金 伝 票		振 替 伝 票			
科　　目	金　額	借方科目	金　額	貸方科目	金　額
売　　　　上	（　　　）	（　　）	（　　　）	（　　）	（　　　）

入金伝票の仕訳：〔　　　　　　〕（　　　　）〔　　　　　　〕（　　　　）
振替伝票の仕訳：〔　　　　　　〕（　　　　）〔　　　　　　〕（　　　　）

道しるべ
にしたがって
記入すると▶▶▶

> 伝票の仕訳
>
> 入金伝票の仕訳：
> 〔現　　　　　金〕*（　　　）〔売　　　　上〕（　　　）
> 　*入金伝票には仕訳の借方が「現金」となる取引が記入されます。
> 振替伝票の仕訳：
> 〔　　　　　　〕（　　　）〔　　　　　　　　〕（　　　）

STEP 3　取引を分解する方法による仕訳

　　　　　　　　には伝票名を記入しましょう。

　一部現金取引の起票方法には、取引を分解して起票する方法と 2 つの取引が同時にあっ
たとみなして起票する方法があります。そこで、まずは STEP 1 の仕訳について、**現金売上**
と**掛け売上**に分けた場合の仕訳を考えます。

〔　　　　　〕（　　　　　　）〔　　　　　　　〕（　　　　　）➡ ☐ 伝票

- -

〔　　　　　〕（　　　　　　）〔　　　　　　　〕（　　　　　）➡ ☐ 伝票

道しるべ
にしたがって
記入すると ▶▶▶

取引を分解する方法による仕訳

〔現　　　　　金〕（ 10,000 ）〔売　　　　　上〕（ 10,000 ）➡ 入金 伝票

- -

〔売　　掛　　金〕（ 50,000 ）〔売　　　　　上〕（ 50,000 ）➡ 振替 伝票

STEP 4　2つの取引があったとみなす方法による仕訳

次に、問題文の取引について、「全額、掛けで売り上げたあと、ただちに掛け代金を現金で回収した」とみなした場合の仕訳を考えます。

①商品￥60,000を掛けで売り上げた。

〔　　　　　〕（　　　　　　）〔　　　　　　　〕（　　　　　）➡ ☐ 伝票

②売掛金￥60,000のうち￥10,000を現金で回収した。

〔　　　　　〕（　　　　　　）〔　　　　　　　〕（　　　　　）➡ ☐ 伝票

道しるべ
にしたがって
記入すると ▶▶▶

2つの取引があったとみなす方法による仕訳

①〔売　　掛　　金〕（ 60,000 ）〔売　　　　　上〕（ 60,000 ）➡ 振替 伝票

②〔現　　　　　金〕（ 10,000 ）〔売　　掛　　金〕（ 10,000 ）➡ 入金 伝票

STEP 5　答案用紙に記入

> STEP 1 取引の仕訳と STEP 2 伝票の仕訳から直接解答できるレベルになるまで、問題を解いて慣れておきましょう。

STEP 2 の伝票の仕訳と STEP 3 または STEP 4 の仕訳を比べて、答案用紙の伝票がどちらの方法によって起票されているかを判断し、答えを記入します。

入 金 伝 票		振 替 伝 票			
科　　目	金　額	借方科目	金　額	貸方科目	金　額
売　　　　上	（　　　）	（　　　）	（　　　）	（　　　）	（　　　）

111

道しるべ
にしたがって
記入すると ▶▶▶

解答

答案用紙に記入

入　金　伝　票	
科　　　目	金　額
売　　　　　上	（ 10,000）

振　替　伝　票			
借方科目	金　　　額	貸方科目	金　　　額
（オ　売掛金）	（ 50,000）	（エ　売　上）	（ 50,000）

STEP 2 と STEP 3 の入金伝票の仕訳（勘定科目）が同じなので、この例題は STEP 3 の**取引を分解する方法**によって起票していることがわかります。

伝票会計

STEP **1**　**取引の仕訳**

STEP **2**　**資料（または答案用紙）の伝票の仕訳**

STEP **3**　**取引を分解する方法による仕訳**

STEP **4**　**2つの取引があったとみなす方法による仕訳**

STEP **5**　**答案用紙に記入**

・答案用紙の伝票から、STEP **3** と STEP **4** のどちらの方法によって起票するかを判断します。

> 取引を分解する方法と
> 2つの取引があったと
> みなす方法を比較する
> クセをつけましょう。

ワンポイント

CHECK!

7. 伝票② 仕訳日計表と総勘定元帳

例題 7

横浜商事は、毎日の取引を入金伝票、出金伝票、振替伝票に記入し、これらの伝票から1日分ずつ仕訳日計表に集計して、仕訳日計表から総勘定元帳に転記している。

横浜商事の×1年12月1日の取引について作成された次の各伝票にもとづいて、仕訳日計表を作成し、総勘定元帳（一部）に転記しなさい。

⏰10分

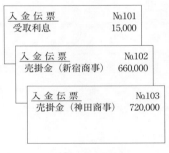

```
入 金 伝 票        No.101
受取利息        15,000

   入 金 伝 票        No.102
   売掛金（新宿商事）  660,000

      入 金 伝 票        No.103
      売掛金（神田商事）  720,000
```

```
振 替 伝 票        No.301
仕   入    1,980,000
   買掛金（所沢商事）1,980,000

   振 替 伝 票        No.302
   売掛金（新宿商事）2,400,000
      売   上     2,400,000

      振 替 伝 票        No.303
      買掛金（所沢商事）450,000
         支払手形      450,000
```

```
出 金 伝 票        No.201
買掛金（所沢商事） 330,000

   出 金 伝 票        No.202
   支払手形       540,000

      出 金 伝 票        No.203
      買掛金（国立商事） 420,000
```

答案用紙

仕 訳 日 計 表
×1年12月1日　　　　　　　　　52

借　　方	元　丁	勘 定 科 目	元　丁	貸　　方
		現　　　　　金		
		売　　掛　　金		
		支　払　手　形		
		買　　掛　　金		
		売　　　　　上		
		受　取　利　息		
		仕　　　　　入		

総 勘 定 元 帳
売　　掛　　金　　　　　　　　3

×1年		摘　　要	仕丁	借　　方	貸　　方	借／貸	残　　高
12	1	前 月 繰 越	✓	3,540,000		借	3,540,000
	〃	仕 訳 日 計 表				〃	
	〃	〃				〃	

答案用紙に記入したら、 で答えを CHECK!

伝票から仕訳日計表を作成し、総勘定元帳に転記する問題では、まず伝票に記載された仕訳を考え、仕訳を集計して仕訳日計表に記入します。そして、仕訳日計表から答案用紙に記載されている勘定に転記します。また、得意先元帳や仕入先元帳も作成する場合や取引先別の勘定残高を求める場合は、下書き用紙に書いた仕訳（または伝票）から取引先ごとに金額を記入していきます。

STEP 1　問題文の確認

得意先元帳や仕入先元帳を作成する場合などは、仕訳の勘定科目（売掛金と買掛金）の後ろに取引先名も記入しておきます。したがって、得意先元帳や仕入先元帳を作成するのかどうかをはじめにチェックしておきましょう。

STEP 2　仕訳の作成

No.＿＿＿＿に伝票番号、〔　〕に勘定科目、（　）に金額を記入して仕訳をつくりましょう。

資料の伝票から下書き用紙に取引の仕訳を書いていきます。なお、得意先元帳や仕入先元帳を作成するときなどは、勘定科目（売掛金と買掛金）の後ろに取引先名も記入しておきます。

この例題は取引先別に金額を把握する必要がないので、取引先名を書く必要はありません。

1．入金伝票

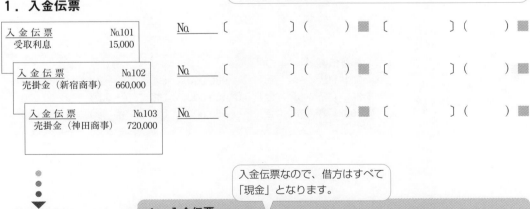

道しるべ
にしたがって
記入すると▶▶▶

入金伝票なので、借方はすべて「現金」となります。

1．入金伝票
No.101 〔現　　　金〕（ 15,000） 〔受　取　利　息〕（ 15,000）
No.102 〔現　　　金〕（660,000） 〔売　　掛　　金〕（660,000）
No.103 〔現　　　金〕（720,000） 〔売　　掛　　金〕（720,000）

2．出金伝票

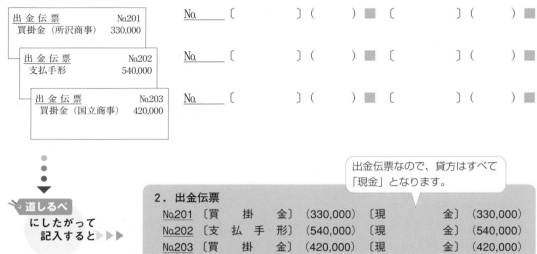

出 金 伝 票	No.201
買掛金（所沢商事）	330,000

出 金 伝 票	No.202
支払手形	540,000

出 金 伝 票	No.203
買掛金（国立商事）	420,000

No.＿＿＿〔　　　　　〕（　　　）■〔　　　　　〕（　　　）■

No.＿＿＿〔　　　　　〕（　　　）■〔　　　　　〕（　　　）■

No.＿＿＿〔　　　　　〕（　　　）■〔　　　　　〕（　　　）■

出金伝票なので、貸方はすべて「現金」となります。

道しるべ
にしたがって
記入すると ▶▶▶

2．出金伝票

No.201	〔買　　掛　　金〕	（330,000）	〔現　　　　　金〕	（330,000）
No.202	〔支　払　手　形〕	（540,000）	〔現　　　　　金〕	（540,000）
No.203	〔買　　掛　　金〕	（420,000）	〔現　　　　　金〕	（420,000）

3．振替伝票

振 替 伝 票	No.301
仕　　入	1,980,000
買掛金（所沢商事）	1,980,000

振 替 伝 票	No.302
売掛金（新宿商事）	2,400,000
売　　上	2,400,000

振 替 伝 票	No.303
買掛金（所沢商事）	450,000
支払手形	450,000

No.＿＿＿〔　　　　　〕（　　　）■〔　　　　　〕（　　　）■

No.＿＿＿〔　　　　　〕（　　　）■〔　　　　　〕（　　　）■

No.＿＿＿〔　　　　　〕（　　　）■〔　　　　　〕（　　　）■

道しるべ
にしたがって
記入すると ▶▶▶

3．振替伝票

No.301	〔仕　　　　　入〕	（1,980,000）	〔買　　掛　　金〕	（1,980,000）
No.302	〔売　　掛　　金〕	（2,400,000）	〔売　　　　　上〕	（2,400,000）
No.303	〔買　　掛　　金〕	（　450,000）	〔支　払　手　形〕	（　450,000）

> 集計ミスがないように、集計したら下書き用紙の仕訳の横
> （■）に✓（チェックマーク）をつけるようにしましょう。

STEP 3　仕訳日計表の作成

　下書き用紙に記入した仕訳を集計して、仕訳日計表に記入していきます。

　なお、現金取引は入金伝票（借方）または出金伝票（貸方）に記入されます。したがって、**入金伝票の合計金額**は仕訳日計表の**現金の借方金額**、**出金伝票の合計金額**は仕訳日計表の**現金の貸方金額**となります。

(1)　まず、仕訳日計表の**現金**の金額を記入していきましょう。

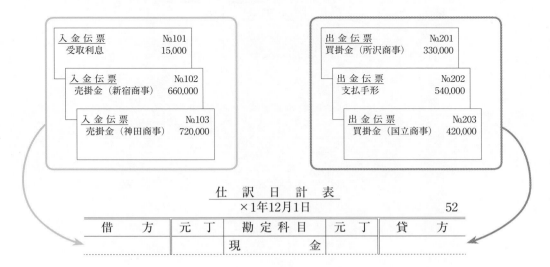

入金伝票　　　　　No.101
受取利息　　　　　15,000

入金伝票　　　　　No.102
売掛金（新宿商事）　660,000

入金伝票　　　　　No.103
売掛金（神田商事）　720,000

出金伝票　　　　　No.201
買掛金（所沢商事）　330,000

出金伝票　　　　　No.202
支払手形　　　　　540,000

出金伝票　　　　　No.203
買掛金（国立商事）　420,000

仕　訳　日　計　表
×1年12月1日　　　　　　52

借　　方	元　丁	勘　定　科　目	元　丁	貸　　方
		現　　　　金		

道しるべ
にしたがって
記入すると▶▶▶

仕　訳　日　計　表
×1年12月1日　　　　　　52

借　　方	元　丁	勘　定　科　目	元　丁	貸　　方
1,395,000		現　　　　金		1,290,000

クロキチの
㊙合格テクニック

現金を先にうめてしまおう！

　仕訳日計表を作成するときは、現金から先にうめてしまいましょう。
　・仕訳日計表の現金（借方）…入金伝票の合計金額
　　　　　　　　　　　（貸方）…出金伝票の合計金額

117

(2) 次に、仕入と売上の金額を集計して、仕訳日計表に記入します。

金額を集計したら、■ に ✓ をつけておきましょう。

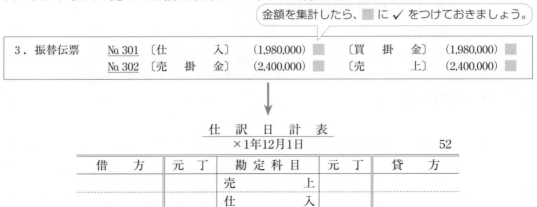

3．振替伝票　　No. 301　〔仕　　　　入〕　(1,980,000) ■　　〔買　掛　金〕　(1,980,000) ■
　　　　　　　　No. 302　〔売　掛　金〕　(2,400,000) ■　　〔売　　　　上〕　(2,400,000) ■

仕　訳　日　計　表
×1年12月1日　　　　　　　　　52

借　　　方	元　丁	勘 定 科 目	元　丁	貸　　　方
		売　　　　　上		
		仕　　　　　入		

道しるべ
にしたがって
記入すると ▶ ▶ ▶

仕　訳　日　計　表
×1年12月1日　　　　　　52

借　　　方	元　丁	勘 定 科 目	元　丁	貸　　　方
		売　　　　　上		2,400,000
1,980,000		仕　　　　　入		

(3) 続いて、売掛金と買掛金以外の勘定科目について、**仕訳の並び順に、その勘定科目が出てきたつど、仕訳日計表に記入**します。これは、売掛金と買掛金以外の勘定科目（たとえば受取利息や備品など）は1日の取引で何度も出てこないので、金額を合計する必要がないものが多いからです。

> あとで同じ勘定科目が出てきたら、すでに記入してある仕訳日計表の金額にその金額を足して、仕訳日計表の金額を書き換えればいいだけですよね。

(1)で伝票から直接転記した金額には ✓ をつけます。

```
1．入金伝票　No.101　〔現　　　金〕（　15,000）✓　〔受 取 利 息〕（　15,000）▨
2．出金伝票　No.202　〔支 払 手 形〕（540,000）▨　〔現　　　金〕（540,000）✓
3．振替伝票　No.303　〔買　掛　金〕（450,000）▨　〔支 払 手 形〕（450,000）▨
```

仕 訳 日 計 表
×1年12月1日　　　　　　　52

借　　方	元丁	勘 定 科 目	元丁	貸　　方
		支 払 手 形		
		受 取 利 息		

道しるべ
にしたがって
記入すると ▶▶▶

仕 訳 日 計 表
×1年12月1日　　　　　　　52

借　　方	元丁	勘 定 科 目	元丁	貸　　方
540,000		支 払 手 形		450,000
		受 取 利 息		15,000

(4) 最後に、**売掛金と買掛金の金額**を借方・貸方ごとに集計して、仕訳日計表に記入します。

```
1. 入金伝票  No.102 〔現      金〕(  660,000) ✓  〔売  掛  金〕(  660,000) ▨
            No.103 〔現      金〕(  720,000) ✓  〔売  掛  金〕(  720,000) ▨
2. 出金伝票  No.201 〔買  掛  金〕(  330,000) ▨  〔現      金〕(  330,000) ✓
            No.203 〔買  掛  金〕(  420,000) ▨  〔現      金〕(  420,000) ✓
3. 振替伝票  No.301 〔仕      入〕(1,980,000) ✓  〔買  掛  金〕(1,980,000) ▨
            No.302 〔売  掛  金〕(2,400,000) ▨  〔売      上〕(2,400,000) ✓
            No.303 〔買  掛  金〕(  450,000) ▨  〔支 払 手 形〕(  450,000) ✓
```

仕 訳 日 計 表
×1年12月1日   52

借　方	元　丁	勘 定 科 目	元　丁	貸　方
		売　掛　金		
		買　掛　金		

道しるべ
**にしたがって
記入すると** ▶ ▶ ▶

仕 訳 日 計 表
×1年12月1日   52

借　方	元　丁	勘 定 科 目	元　丁	貸　方
2,400,000		売　掛　金		1,380,000
1,200,000		買　掛　金		1,980,000

STEP 4 総勘定元帳に転記

　仕訳日計表を作成したら、答案用紙の総勘定元帳（この例題では売掛金勘定）に金額を転記します。

　このとき、総勘定元帳の摘要欄には「**仕訳日計表**」と記入し（この例題では記載ずみ）、仕丁欄には**仕訳日計表のページ数**を記入します。一方、仕訳日計表の元丁欄には**総勘定元帳の勘定番号**を記入します。

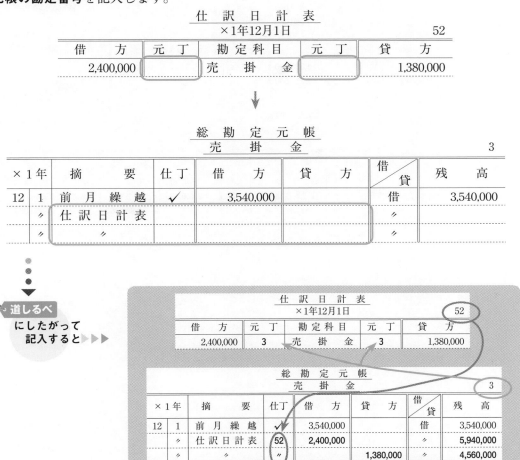

道しるべ
にしたがって
記入すると▶▶▶

STEP 5 得意先元帳・仕入先元帳への転記等

　得意先元帳や仕入先元帳に転記したり、あるいは取引先別の掛け残高などを求める場合には、下書き用紙に書いた仕訳（または伝票）から、取引先ごとに金額を集計し、記入します。

以上より、この例題の解答は次のようになります。

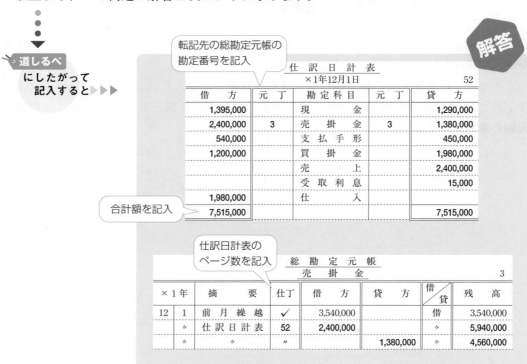

道しるべ
にしたがって
記入すると ▶▶▶

転記先の総勘定元帳の
勘定番号を記入

解答

仕 訳 日 計 表
×1年12月1日　　　52

借　方	元　丁	勘 定 科 目	元　丁	貸　方
1,395,000		現　　　金		1,290,000
2,400,000	3	売　掛　金	3	1,380,000
540,000		支 払 手 形		450,000
1,200,000		買　掛　金		1,980,000
		売　　　上		2,400,000
		受 取 利 息		15,000
1,980,000		仕　　　入		
7,515,000				7,515,000

合計額を記入

仕訳日計表の
ページ数を記入

総 勘 定 元 帳
売　掛　金　　　3

×1年		摘　　要	仕丁	借　方	貸　方	借貸	残　高
12	1	前 月 繰 越	✓	3,540,000		借	3,540,000
	〃	仕 訳 日 計 表	52	2,400,000		〃	5,940,000
	〃	〃	〃		1,380,000	〃	4,560,000

クロキチの
㊙ 合格テクニック

慣れてきたら伝票を使って仕訳を省略！

　伝票の問題に慣れてきたら、下書き用紙に仕訳を書く手間を省いて、伝票から直接、仕訳日計表を作成すると時間を短縮することができます。

　ただし、資料の伝票のままだと借方と貸方をまちがえて金額を集計してしまうというミスが発生しやすいので、次のように伝票を加工して、仕訳のようにしてから解きましょう。

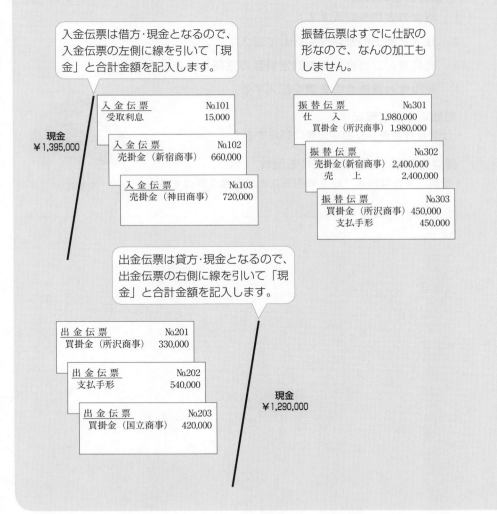

入金伝票は借方・現金となるので、入金伝票の左側に線を引いて「現金」と合計金額を記入します。

振替伝票はすでに仕訳の形なので、なんの加工もしません。

```
入 金 伝 票        No.101
受取利息          15,000
```
```
入 金 伝 票        No.102
売掛金（新宿商事）  660,000
```
```
入 金 伝 票        No.103
売掛金（神田商事）  720,000
```

現金
¥1,395,000

```
振 替 伝 票        No.301
仕　　入        1,980,000
　買掛金（所沢商事） 1,980,000
```
```
振 替 伝 票        No.302
売掛金（新宿商事） 2,400,000
　売　　上        2,400,000
```
```
振 替 伝 票        No.303
買掛金（所沢商事） 450,000
　支払手形        450,000
```

出金伝票は貸方・現金となるので、出金伝票の右側に線を引いて「現金」と合計金額を記入します。

```
出 金 伝 票        No.201
買掛金（所沢商事）  330,000
```
```
出 金 伝 票        No.202
支払手形          540,000
```
```
出 金 伝 票        No.203
買掛金（国立商事）  420,000
```

現金
¥1,290,000

伝票から仕訳日計表や総勘定元帳を作成する問題の解き方

STEP 1 問題文の確認
・得意先元帳や仕入先元帳は作成する？

STEP 2 仕訳の作成（慣れてきたら資料の伝票を加工して使おう！）
→得意先元帳や仕入先元帳を作成するなら、勘定科目（売掛金・買掛金）の後ろに取引先名を書く。

STEP 3 仕訳日計表の作成
(1) 現金の金額を記入する。
(2) 仕入と売上の金額を集計して記入する。
(3) 売掛金と買掛金以外の勘定科目の金額を記入する。
(4) 売掛金と買掛金の金額を記入する。

STEP 4 総勘定元帳に転記
・仕訳日計表から総勘定元帳に転記する。

STEP 5 得意先元帳・仕入先元帳に転記等
・仕訳（または伝票）から取引先ごとに金額を集計する。

MEMO

　当社の当期（×5年4月1日から×6年3月31日）中の受取手数料に関連する勘定の記入は次のとおりである。各勘定に記入された取引を推定し、空欄にあてはまる語句（①〜⑥）および金額（A〜D）を答案用紙に記入しなさい。なお、①〜⑥にあてはまる語句は語群より選択し、記号で解答すること。

> 語群：
> ア．前期繰越　　　イ．次期繰越　　　ウ．受取手数料　　　エ．前受手数料
> オ．未収手数料　　カ．損益

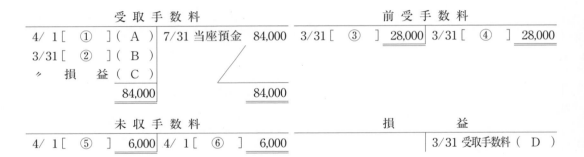

受　取　手　数　料			
4/ 1 [①]	(A)	7/31 当座預金	84,000
3/31 [②]	(B)		
〃 損　益	(C)		
	84,000		84,000

前　受　手　数　料			
3/31 [③]	28,000	3/31 [④]	28,000

未　収　手　数　料			
4/ 1 [⑤]	6,000	4/ 1 [⑥]	6,000

損　　　　益			
		3/31 受取手数料	(D)

次の資料にもとづいて、答案用紙に記載された各勘定の空欄を埋めなさい。ただし、〈 〉には日付、〔 〕には勘定科目または用語、（ ）には金額が入る。また、日付欄には配点がないため、埋めなくてもよい。なお、勘定科目または用語は次の中からもっとも適当と思われるものを選択し、記号で解答すること。

勘定科目または用語：
ア．普通預金　　　イ．前期繰越　　　ウ．法人税等　　　エ．未払法人税等
オ．仮払法人税等　　カ．繰越利益剰余金　　キ．損益　　　　ク．諸口
ケ．次期繰越

〔資料〕

1．当社の会計期間は3月31日を決算日とする1年間である。

2．当社は法人税等の納付をすべて普通預金口座から行っている。

3．前期の11月30日に法人税等の中間納付額￥400,000を納付した。

4．前期末の決算において、法人税等￥650,000が確定し、中間納付額を控除した残額を未払法人税等として計上している。

5．当期の5月30日に、前期末に計上した未払法人税等の納付をした。

6．当期の11月29日に当期の法人税等の中間納付をした。納付額は前期の法人税等の半分である。

7．当期の決算において、法人税等を計上する。なお、法人税等は当期の利益に対して30%で計算する。

次の資料にもとづいて、（ア）から（エ）に入る適切な金額を、（A）には用語を答案用紙に記入しなさい。なお、減価償却は定額法にもとづいて行われており、減価償却費は月割計算によって計上している。当社の決算日は毎年3月31日である。

〔資料〕

固定資産台帳　　　　　　　　　　　×5年3月31日現在

取得年月日	名称等	期末数量	耐用年数	期首(期中取得)取得原価	期首減価償却累計額	差引期首(期中取得)帳簿価額	当期減価償却費
備品							
×1年4月1日	備品A	1	5年	250,000	150,000	100,000	50,000
×3年10月1日	備品B	1	4年	384,000	48,000	336,000	96,000
×4年9月1日	備品C	2	6年	432,000	0	432,000	42,000
小　計				1,066,000	198,000	868,000	188,000

備　　品

日付			摘要	借方	日付			摘要	貸方
×4	4	1	前 期 繰 越	（　ア　）	×5	3	31	次 期 繰 越	（　　　）
	9	1	当 座 預 金	（　イ　）					
				（　　　）					（　　　）

備品減価償却累計額

日付			摘要	借方	日付			摘要	貸方
×5	3	31	次 期 繰 越	（　　　）	×4	4	1	前 期 繰 越	（　ウ　）
					×5	3	31	（　A　）	（　エ　）
				（　　　）					（　　　）

　神奈川商事の×3年7月の取引（一部）は次のとおりである。それぞれの日付の取引はどの補助簿に記入されるか、答案用紙の補助簿の記号に〇印をつけなさい。

12日　赤井商事より、商品￥100,000を仕入れ、代金のうち￥20,000は小切手を振り出し、残額は掛けとした。

18日　かねて白田商事より仕入れていた商品のうち、￥27,500について品違いが見つかったため、同社へ返品し、掛け代金から差し引くこととした。

20日　黄桜商事に、商品￥80,000を売り上げ、代金のうち￥50,000は先方振出しの小切手を受け取り、残額は掛けとした。

31日　営業用のトラック￥500,000を購入し、代金は翌月末日に支払うこととした。

東京商事の×3年8月の取引（一部）は次のとおりである。それぞれの日付の取引はどの補助簿に記入されるか、答案用紙の補助簿の記号に○印をつけなさい。

10日 青森商事より、商品¥220,000を仕入れ、代金は掛けとした。なお、引取運賃¥5,000は現金で支払った。

15日 かねて岩手商事に振り出していた約束手形¥100,000の支払期日となり、当座預金口座から決済された。

20日 販売用の中古車¥400,000を購入し、代金は来月末日に支払うこととした。なお、当社は中古車販売業を営んでいる。

25日 借方に記載されている現金過不足¥7,000のうち、¥3,000は秋田商事から商品を仕入れた際の引取運賃を現金で支払っていたにもかかわらず、この取引が未記帳であったために生じたものであることが判明した。

問題 **6** **商品有高帳** ⏰ **8分** 答案用紙…別冊 P.12　解答…解答解説編 P.181

　次の仕入帳と売上帳の記入にもとづいて、〔問1〕移動平均法により答案用紙の商品有高帳に記入し、さらに〔問2〕移動平均法によった場合の6月中の売上総利益を計算しなさい。なお、仕入戻しは商品有高帳の払出欄に返品した商品の仕入単価で記入すること（締め切りは不要である）。

仕　　入　　帳

×8年		摘　　　要		金　　額
6	14	大阪商事	掛け	
		A商品　50個	@¥2,000	100,000
	15	**大阪商事**	**掛け返品**	
		A商品　20個	**@¥2,000**	**40,000**
	22	京都商事	掛け	
		A商品　45個	@¥2,200	99,000

売　　上　　帳

×8年		摘　　　要		金　　額
6	19	東京商事	掛け	
		A商品　35個	@¥3,200	112,000
	25	埼玉商事	掛け	
		A商品　50個	@¥3,300	165,000

次の帳簿記入にもとづいて、⑴この帳簿の名称を答え、⑵答案用紙に記入された各日付の仕訳を示しなさい。ただし、帳簿名および仕訳の勘定科目は次の中からもっとも適当と思われるものを選択し、記号で解答すること。

ア．仕入　　　　　イ．売上　　　　　ウ．支払手形　　　　エ．当座預金
オ．受取手形　　　カ．買掛金　　　　キ．売掛金

(　　　　　　)記入帳

×8年		手形種類	手形番号	摘　要	支　払　人	振出人または裏書人	振出日		支払期日		支払場所	手形金額	てん末		
													月	日	摘　要
2	16	約手	3	売掛金	品川商事	品川商事	2	16	3	16	緑川銀行	200,000	3	16	当座預金口座に入金
	20	約手	6	売　上	練馬商事	練馬商事	2	20	4	20	青山銀行	300,000			

答案用紙…別冊 P.13　解答…解答解説編 P.182

　当社は買掛金元帳を補助元帳として用いている。次の資料にもとづいて、買掛金元帳の田中商事勘定と矢島商事勘定の 10 月 31 日時点の残高をそれぞれ求めなさい。

〔資料 1〕
① 10 月 1 日時点における買掛金元帳の残高は、田中商事勘定￥18,800、矢島商事勘定￥20,800 である。
② 10 月 1 日時点における商品Bの残高は 40 個（@￥580）である。

〔資料 2〕10 月中の取引
10 月 3 日　田中商事より商品A（@￥800）を 30 個仕入れ、代金は掛けとした。
　　　5 日　矢島商事より商品B（@￥600）を 60 個仕入れ、代金のうち￥10,000 は小切手を振り出して支払い、残額は掛けとした。
　　　6 日　5 日に仕入れた商品Bのうち、5 個を品違いにより返品した。なお、返品額は掛け代金から減額することとした。
　　14 日　田中商事より商品A（@￥820）を 50 個仕入れ、代金のうち半分は約束手形を振り出し、残額は掛けとした。
　　18 日　矢島商事より商品B（@￥620）を 40 個仕入れ、代金は掛けとした。
　　22 日　永田商事より商品B（@￥630）を 30 個仕入れ、代金は掛けとした。
　　25 日　田中商事に対する買掛金￥51,300 と矢島商事に対する買掛金￥60,000 をそれぞれ小切手を振り出して支払った。

　次の各取引について、答案用紙の伝票に記入しなさい。ただし、商品の売買取引は三分法によって処理すること。なお、勘定科目は次の中から選択し、記号で解答すること。

勘定科目
　ア．仕入　　　　　　イ．売掛金　　　　　ウ．現金　　　　　　エ．前受金
　オ．売上　　　　　　カ．買掛金

⑴　商品￥50,000を仕入れ、代金のうち￥10,000は現金で支払い、残額は掛けとした。

⑵　商品￥70,000を売り上げ、代金のうち￥40,000は前受金と相殺し、残額は現金を受け取った。

　当社は入金伝票、出金伝票、振替伝票の3種類の伝票を用いて日々の取引を処理している。次の各取引が行われた場合、以下の伝票に記入されるべき勘定科目（①～⑥）と金額（A～C）を答案用紙に記入しなさい。なお、勘定科目は次の中から選択し、記号で解答すること。

勘定科目
　ア．現金　　　　　　イ．売上　　　　　　ウ．仕入　　　　　　エ．買掛金
　オ．備品　　　　　　カ．減価償却累計額　キ．固定資産売却益　ク．固定資産売却損

⑴　商品￥60,000を仕入れ、代金のうち￥10,000は現金で支払い、残額は掛けとした。

出　金　伝　票		振　替　伝　票			
科　　　目	金　　額	借方科目	金　　額	貸方科目	金　　額
（　　①　　）	（　A　）	（　　②　　）	50,000	（　　③　　）	50,000

⑵　取得原価￥500,000、減価償却累計額￥380,000の備品を￥150,000で売却し、代金は現金で受け取った。

入　金　伝　票		振　替　伝　票			
科　　　目	金　　額	借方科目	金　　額	貸方科目	金　　額
備　　　品	（　B　）	（　　④　　）	380,000	（　　⑤　　）	（　C　）
				（　　⑥　　）	30,000

野口商事は、毎日の取引を入金伝票、出金伝票、振替伝票に記入し、これらの伝票から1日分ずつ仕訳日計表に集計して、仕訳日計表から総勘定元帳に転記している。

野口商事の×5年8月1日の取引について作成された次の各伝票にもとづいて、(1)仕訳日計表を作成し、(2)総勘定元帳（一部）に転記しなさい。

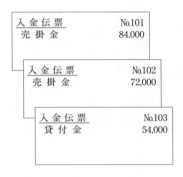

入 金 伝 票	No.101
売 掛 金	84,000

入 金 伝 票	No.102
売 掛 金	72,000

入 金 伝 票	No.103
貸 付 金	54,000

出 金 伝 票	No.201
買 掛 金	39,000

出 金 伝 票	No.202
仮 払 金	15,000

出 金 伝 票	No.203
買 掛 金	45,000

振 替 伝 票		No.301
仕　　入	57,000	
買 掛 金		57,000

振 替 伝 票		No.302
仕　　入	78,000	
買 掛 金		78,000

振 替 伝 票		No.303
売 掛 金	96,000	
売　　上		96,000

振 替 伝 票		No.304
売 掛 金	90,000	
売　　上		90,000

振 替 伝 票		No.305
買 掛 金	42,000	
支 払 手 形		42,000

第3問対策

第3問では、財務諸表や精算表、決算整理後残高試算表を作成する問題が出題されます。
いずれも、欠かせないのが決算整理仕訳ですので、決算整理仕訳をしっかりと確認しておきましょう。
一部の勘定科目を記入または入力することもあるので、勘定科目を正確に書けるようにしておいてください。

····················第3問で出題される問題····················

①財務諸表
②精算表
③決算整理後残高試算表

1. 財務諸表の作成

例題 **1**　次の資料にもとづいて、損益計算書と貸借対照表を完成させなさい。なお、会計期間は×7年4月1日から×8年3月31日までの1年である。

🕐 **15分**

（資料1）決算整理前残高試算表

決算整理前残高試算表
×8年3月31日

借　　方	勘　定　科　目	貸　　方
514,240	現　　　　　　金	
	当　座　預　金	100,000
1,321,160	普　通　預　金	
536,000	受　取　手　形	
676,800	売　　掛　　金	
45,000	仮払法人税等	
316,000	繰　越　商　品	
3,000,000	建　　　　　　物	
360,000	備　　　　　　品	
	支　払　手　形	260,000
	買　　掛　　金	243,900
	借　　入　　金	300,000
	仮　　受　　金	12,800
	貸　倒　引　当　金	13,000
	建物減価償却累計額	900,000
	備品減価償却累計額	60,000
	資　　本　　金	4,000,000
	繰越利益剰余金	200,000
	売　　　　　　上	8,794,500
	受　取　手　数　料	56,000
6,876,000	仕　　　　　　入	
1,250,000	給　　　　　　料	
27,000	保　　険　　料	
18,000	支　払　利　息	
14,940,200		14,940,200

（資料2）決算整理事項等

1. 仮受金は全額売掛金の回収額であることが判明した。

2. 当座預金勘定の貸方残高全額を借入金勘定に振り替える。なお、取引銀行とは借越限度額を¥500,000とする当座借越契約を結んでいる。

3. 受取手形および売掛金の期末残高に対して、差額補充法により3％の貸倒引当金を設定する。

4. 期末商品棚卸高は¥320,000である。

5. 建物および備品に対して、以下の資料にもとづいて定額法により減価償却を行う。
   建　物　残存価額：ゼロ　耐用年数：30年
   備　品　残存価額：ゼロ　耐用年数：6年

6. 支払利息の未払分¥5,500を計上する。

7. 保険料の前払分が¥9,000ある。

8. 法人税等が¥200,000と計算されたので、仮払法人税等との差額を未払法人税等として計上する。

損　益　計　算　書

×7年4月1日から×8年3月31日まで　　　（単位：円）

費　　　用	金　　額	収　　　益	金　　額
売　上　原　価	（　　　　　）	売　上　高	（　　　　　）
給　　　　料	（　　　　　）	受　取　手　数　料	（　　　　　）
保　険　料	（　　　　　）		
貸倒引当金繰入	（　　　　　）		
減　価　償　却　費	（　　　　　）		
支　払　利　息	（　　　　　）		
法　人　税　等	（　　　　　）		
当期純（　　　）	（　　　　　）		
	（　　　　　）		（　　　　　）

貸　借　対　照　表

×8年3月31日　　　（単位：円）

資　　　産	金　　額	負債・純資産	金　　額
現　　　　金	（　　　　　）	支　払　手　形	（　　　　　）
普　通　預　金	（　　　　　）	買　掛　金	（　　　　　）
受　取　手　形	（　　　）	未　払　費　用	（　　　　　）
売　掛　金	（　　　）	未　払　法　人　税　等	（　　　　　）
貸　倒　引　当　金	（　　　）（　　　　　）	借　入　金	（　　　　　）
商　　　品	（　　　　　）	資　本　金	（　　　　　）
前　払　費　用	（　　　　　）	繰越利益剰余金	（　　　　　）
建　　　物	（　　　）		
減価償却累計額	（　　　）		
備　　　品	（　　　）		
減価償却累計額	（　　　）（　　　　　）		
	（　　　　　）		（　　　　　）

答案用紙に記入したら、　P.149　CHECK!　で答えを

・解けた人 ➡ 次の 例題 へ

・解けなかった人 ➡ 解き方の道しるべ へ！

解き方の
道しるべ ┄┄┄┄┄┄┄┄┄┄┄┄┄┄┄┄┄┄┄┄┄┄┄┄┄┄┄┄┄┄┄┄┄┄┄┄┄

　資料の決算整理事項等から決算整理仕訳を行い、金額を集計して答案用紙の財務諸表に記入します。

STEP 1 問題文の確認

　決算整理事項で月割計算をするものもあるので、はじめに必ず会計期間を確認しましょう。なお、次のようなタイムテーブルを作っておくと、月割計算の際に便利です。

期　首	当　期	期　末
×7年4/1		×8年3/31

STEP 2 仕訳の作成

〔　　〕には勘定科目を、（　　）には金額を記入しましょう。

（資料2）決算整理事項等を読んで、仕訳をしましょう。

1. 仮受金の処理

> 　仮受金は全額売掛金の回収額であることが判明した。
> 〔残高試算表の金額：仮受金￥12,800〕

〔　　　　　　　　〕（　　　　　　）■〔　　　　　　　　　〕（　　　　　　）■

道しるべ
にしたがって
記入すると ▶▶▶

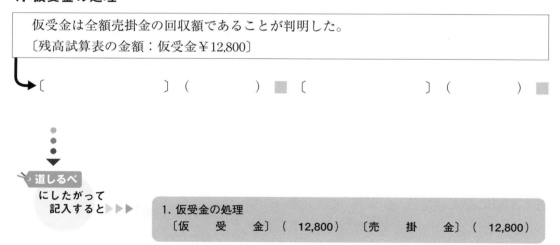

1. 仮受金の処理
〔仮　受　金〕（　12,800　）　〔売　掛　金〕（　12,800　）

2. 当座借越の振り替え

期末において、当座借越がある（当座預金勘定が貸方残高である）ときは、貸方の**当座預金（資産）**を**当座借越（負債）**または**借入金（負債）**に振り替えます。

> 当座預金勘定の貸方残高全額を借入金勘定に振り替える。なお、取引銀行とは借越限度額を¥500,000とする当座借越契約を結んでいる。
> 〔残高試算表の金額：当座預金（貸方）¥100,000〕

〔　　　　　　　〕（　　　　）■〔　　　　　　　〕（　　　　）■

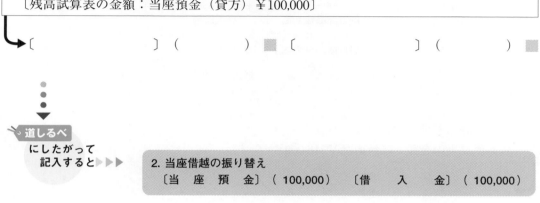

道しるべ
にしたがって
記入すると▶▶▶

2. 当座借越の振り替え
〔当　座　預　金〕（ 100,000 ）　〔借　　入　　金〕（ 100,000 ）

3. 貸倒引当金の設定

決算において、売掛金と受取手形の期末残高に対して、貸倒引当金を設定します。なお、決算整理事項等を考慮したあとの売掛金や受取手形に貸倒引当金を設定することに注意しましょう。

> 貸倒引当金の設定額＝売掛金と受取手形の期末残高×貸倒設定率

> 受取手形および売掛金の期末残高に対して、差額補充法により3％の貸倒引当金を設定する。
> 〔残高試算表の金額：受取手形¥536,000、売掛金¥676,800、貸倒引当金¥13,000〕

> 1. 仮受金の処理
> 〔仮　受　金〕（ 12,800 ）　〔売　掛　金〕（ 12,800 ）

〔　　　　　　　〕（　　　　）■〔　　　　　　　〕（　　　　）■

道しるべ
にしたがって
記入すると▶▶▶

3. 貸倒引当金の設定
〔貸倒引当金繰入〕（ 23,000* ）　〔貸　倒　引　当　金〕（ 23,000 ）
＊貸倒引当金設定額：（¥536,000＋¥676,800－¥12,800）×3％＝¥36,000
　貸倒引当金繰入額：¥36,000－¥13,000＝¥23,000

4．売上原価の計算

　決算において、期首商品棚卸高、当期商品仕入高、期末商品棚卸高から売上原価（当期の売上に対応する原価）を計算します。なお、売上原価を仕入勘定で算定する場合、期首商品棚卸高を繰越商品勘定から仕入勘定に振り替え、期末商品棚卸高を仕入勘定から繰越商品勘定に振り替えます。

道しるべ
にしたがって
記入すると ▶▶▶

5. 固定資産の減価償却

　〔減 価 償 却 費〕（ 160,000 ）　　〔建物減価償却累計額〕（ 100,000 ^{*1} ）

　　　　　　　　　　　　　　　　　〔備品減価償却累計額〕（ 　60,000 ^{*2} ）

　　＊ 1　$\dfrac{¥3,000,000}{30 \text{年}} = ¥100,000$

　　＊ 2　$\dfrac{¥360,000}{6 \text{年}} = ¥60,000$

6. 費用の未払処理

　決算において、費用や収益の未払い・未収、前払い・前受けの処理を行います。

　費用の未払処理とは、当期の費用であるにもかかわらず、まだ支払っていない金額を当期の費用として計上することをいいます。

支払利息の未払分¥5,500 を計上する。

〔　　　　　　　　〕（　　　　　）■　〔　　　　　　　　〕（　　　　　）■

道しるべ
にしたがって
記入すると ▶▶▶

6. 費用の未払処理

　〔支 払 利 息〕（ 5,500 ）　　〔未 払 利 息〕（ 5,500 ）

7. 費用の前払処理

　費用の前払処理とは、次期の費用であるにもかかわらず、すでに当期に支払った金額を、当期の費用から控除することをいいます。

保険料の前払分が¥9,000 ある。

〔　　　　　　　　〕（　　　　　）■　〔　　　　　　　　〕（　　　　　）■

にしたがって
記入すると ▶▶▶

7. 費用の前払処理
〔前 払 保 険 料〕（　9,000）　〔保　　険　　料〕（　9,000）

8. 法人税等の計上

　法人税等を計上します。なお、残高試算表の仮払法人税等と相殺し、差額は**未払法人税等（負債）**で処理します。

　法人税等が￥200,000 と計算されたので、仮払法人税等との差額を未払法人税等として計上する。
　〔残高試算表の金額：仮払法人税等￥45,000〕

〔　　　　　　　〕（　　　　　）■　〔　　　　　　　　〕（　　　　　）■
〔　　　　　　　〕（　　　　　）■　〔　　　　　　　　〕（　　　　　）■

にしたがって
記入すると ▶▶▶

8. 法人税等の計上
〔法　人　税　等〕（200,000）　〔仮 払 法 人 税 等〕（　45,000）
　　　　　　　　　　　　　　　　〔未 払 法 人 税 等〕（155,000）

STEP 3 　金額の集計と財務諸表の記入

　決算整理事項の仕訳が終わったら、損益計算書や貸借対照表の並び順に金額を集計します。具体的には、残高試算表の金額に仕訳の金額を加減して、答案用紙の財務諸表に記入します（勘定科目欄が空欄の箇所は最後に記入します）。

> 仕訳の金額を集計したら（電卓に金額を入れたら）、仕訳の金額の横（■）にチェックマーク（✓）をつけておきましょう。

(1) 損益計算書の記入

　金額を記入していって、最後に損益計算書の貸借差額で当期純利益を計算します。

決算整理前残高試算表

借　方	勘 定 科 目	貸　方
	：	
	売　　　　　　上	8,794,500
	受 取 手 数 料	56,000
6,876,000	仕　　　　　　入	
1,250,000	給　　　　　料	
27,000	保　　険　　料	
18,000	支 払 利 息	
14,940,200		14,940,200

1．仮受金の処理	〔仮　受　金〕	（ 12,800）■	〔売　掛　金〕	（ 12,800）■
2．当座借越の振り替え	〔当 座 預 金〕	（100,000）■	〔借　入　金〕	（100,000）■
3．貸倒引当金の設定	〔貸倒引当金繰入〕	（ 23,000）■	〔貸 倒 引 当 金〕	（ 23,000）■
4．売上原価の計算	〔仕　　　入〕	（316,000）■	〔繰 越 商 品〕	（316,000）■
	〔繰 越 商 品〕	（320,000）■	〔仕　　　入〕	（320,000）■
5．固定資産の減価償却	〔減 価 償 却 費〕	（160,000）■	〔建物減価償却累計額〕	（100,000）■
			〔備品減価償却累計額〕	（ 60,000）■
6．費用（支払利息）の未払処理	〔支 払 利 息〕	（ 5,500）■	〔未 払 利 息〕	（ 5,500）■
7．費用（保険料）の前払処理	〔前 払 保 険 料〕	（ 9,000）■	〔保　険　料〕	（ 9,000）■
8．法人税等の計上	〔法 人 税 等〕	（200,000）■	〔仮払法人税等〕	（ 45,000）■
			〔未払法人税等〕	（155,000）■

↓

損 益 計 算 書
×7年4月1日から×8年3月31日まで　　　　（単位：円）

費　　　用	金　　額	収　　　益	金　　額
売　上　原　価	（　　　　　）	売　　上　　高	（　　　　　）
給　　　　　料	（　　　　　）	受　取　手　数　料	（　　　　　）
保　　険　　料	（　　　　　）		
貸倒引当金繰入	（　　　　　）		
減　価　償　却　費	（　　　　　）		
支　払　利　息	（　　　　　）		
法　人　税　等	（　　　　　）		
当期純（　　　）	（　　　　　）		
	（　　　　　）		（　　　　　）

道しるべ

にしたがって
記入すると▶▶▶

損 益 計 算 書
×7年4月1日から×8年3月31日まで　　　　（単位：円）

費　　　用	金　　額	収　　　益	金　　額
① 売　上　原　価	（ 6,872,000 *1）	売　　上　　高	② （ 8,794,500）
給　　　　　料	（ 1,250,000 ）	受　取　手　数　料	（ 56,000）
保　　険　　料	（ 18,000 ）		
貸倒引当金繰入	（ 23,000 ）		
減　価　償　却　費	（ 160,000 ）		
支　払　利　息	（ 23,500 ）		
法　人　税　等	（ 200,000 ）		
③ 当期純（**利益**）	（ 304,000 *2）		
	（ 8,850,500 ）		（ 8,850,500）

＊1　¥6,876,000 ＋ ¥316,000 － 320,000 ＝ ¥6,872,000
＊2　貸借差額

クロキチの
㊙ 合格テクニック

表示の違い等に注意、その１！

損益計算書の場合、次の表示が違うので注意しましょう。

① 決算整理後の仕入は売上原価を表します。損益計算書では「仕入」ではなく、「**売上原価**」で表示します。

② 「売上」ではなく、「**売上高**」で表示します。

③ 収益＞費用ならば当期純利益となり、**借方**に表示します。
　　収益＜費用ならば当期純損失となり、**貸方**に表示します。
　　当期純利益の場合は赤字で記入します（統一試験では黒の鉛筆で記入します）。

(2) 貸借対照表の記入

金額を記入していって、最後に繰越利益剰余金を計算します。

繰越利益剰余金は、残高試算表の繰越利益剰余金の金額に、損益計算書の当期純利益（または当期純損失）を加減した金額です。

決算整理前残高試算表

借　　方	勘　定　科　目	貸　　方
514,240	現　　　　　　　　金	
	当　座　預　金	100,000
1,321,160	普　通　預　金	
536,000	受　取　手　形	
676,800	売　　掛　　金	
45,000	仮　払　法　人　税　等	
316,000	繰　越　商　品	
3,000,000	建　　　　　物	
360,000	備　　　　　品	
	支　払　手　形	260,000
	買　　掛　　金	243,900
	借　　入　　金	300,000
	仮　　受　　金	12,800
	貸　倒　引　当　金	13,000
	建物減価償却累計額	900,000
	備品減価償却累計額	60,000
	資　　本　　金	4,000,000
	繰　越　利　益　剰　余　金	200,000
	⋮	

1．仮受金の処理　　　　〔仮　　受　　金〕（ 12,800）■　〔売　　掛　　金〕（ 12,800）■
2．当座借越の振り替え　〔当　座　預　金〕（100,000）■　〔借　　入　　金〕（100,000）■
3．貸倒引当金の設定　　〔貸倒引当金繰入〕（ 23,000）■　〔貸　倒　引　当　金〕（ 23,000）■
4．売上原価の計算　　　〔仕　　　　　入〕（316,000）■　〔繰　越　商　品〕（316,000）■
　　　　　　　　　　　　〔繰　越　商　品〕（320,000）■　〔仕　　　　　入〕（320,000）■
5．固定資産の減価償却　〔減　価　償　却　費〕（160,000）■　〔建物減価償却累計額〕（100,000）■
　　　　　　　　　　　　　　　　　　　　　　　　　　　　　〔備品減価償却累計額〕（ 60,000）■
6．費用（支払利息）の　〔支　払　利　息〕（ 5,500）■　〔未　払　利　息〕（ 5,500）■
　　未払処理
7．費用（保険料）の　　〔前　払　保　険　料〕（ 9,000）■　〔保　　険　　料〕（ 9,000）■
　　前払処理
8．法人税等の計上　　　〔法　人　税　等〕（200,000）■　〔仮　払　法　人　税　等〕（ 45,000）■
　　　　　　　　　　　　　　　　　　　　　　　　　　　　　〔未　払　法　人　税　等〕（155,000）■

※　損益計算書の当期純利益：¥304,000

貸　借　対　照　表
×8年3月31日　　　　　　　　（単位：円）

資　　　産	金　　　額	負債・純資産	金　　　額
現　　　　　金	（　　　　）	支　払　手　形	（　　　　）
普　通　預　金	（　　　　）	買　　掛　　金	（　　　　）
受　取　手　形	（　　　）	未　払　費　用	（　　　　）
売　　掛　　金	（　　　）	未払法人税等	（　　　　）
貸倒引当金	（　　　）（　　　）	借　　入　　金	（　　　　）
商　　　　　品	（　　　　）	資　　本　　金	（　　　　）
前　払　費　用	（　　　　）	繰越利益剰余金	（　　　　）
建　　　　　物	（　　　）		
減価償却累計額	（　　　）（　　　）		
備　　　　　品	（　　　）		
減価償却累計額	（　　　）（　　　）		
	（　　　　）		（　　　　）

道しるべ
にしたがって
記入すると ▶▶▶

貸　借　対　照　表
×8年3月31日　　　　　　　　（単位：円）

資　　　産	金　　　額	負債・純資産	金　　　額
現　　　　　金	（　514,240）	支　払　手　形	（　260,000　）
普　通　預　金	（1,321,160）	買　　掛　　金	（　243,900　）
受　取　手　形	（536,000）	未　払　費　用 ⑤	（　5,500　）
売　　掛　　金	（664,000）　②	未払法人税等	（　155,000　）
① 貸倒引当金	（　36,000）（1,164,000）	借　　入　　金	（　400,000　）
③ 商　　　品	（　320,000）	資　　本　　金	（4,000,000）
⑤ 前　払　費　用	（　9,000）	繰越利益剰余金 ⑥	（　504,000*）
建　　　　物	（3,000,000）		
減価償却累計額	（1,000,000）（2,000,000）		
備　　　　品	（　360,000）		
④ 減価償却累計額	（　120,000）（　240,000）		
	（5,568,400）		（5,568,400　）

*　¥200,000　＋　¥304,000　＝　¥504,000
　　残高試算表　　損益計算書の
　　　　　　　　　当期純利益

表示の違い等に注意、その2！

貸借対照表の場合、次の表示が違うので注意しましょう。

また、貸倒引当金と減価償却費は各勘定科目ごとに金額を記入することもあるので、出題された問題の指示に従って解きましょう。

① 貸倒引当金は売掛金（または受取手形）の下に表示します。
② 売掛金（または受取手形）から貸倒引当金を差し引いた残額を記入します。
③ 「繰越商品」ではなく、「**商品**」で表示します。
④ 減価償却累計額は各固定資産の科目の下に表示します。
　　各固定資産の金額から減価償却累計額を差し引いた残額を記入します。
⑤ 経過勘定の表示は、たとえば○○利息といった具体的な勘定科目から、「**未収収益、未払費用、前払費用、前受収益**」と全体を表す勘定科目で記入します。
⑥ 繰越利益剰余金は、残高試算表の金額に損益計算書の当期純利益（または当期純損失）を加減した金額を記入します。

以上より、 例題 **1** の解答は次のようになります。

解答

損　益　計　算　書
×7年4月1日から×8年3月31日まで　　　　　（単位：円）

費　用	金　額	収　益	金　額
売 上 原 価	（　　6,872,000　）	売 上 高	（　8,794,500）
給　　料	（　　1,250,000　）	受 取 手 数 料	（　　　56,000）
保 険 料	（　　　18,000　）		
貸倒引当金繰入	（　　　23,000　）		
減 価 償 却 費	（　　160,000　）		
支 払 利 息	（　　　23,500　）		
法 人 税 等	（　　200,000　）		
当期純（**利益**）	（　　304,000　）		
	（　　8,850,500　）		（　8,850,500）

貸　借　対　照　表
×8年3月31日　　　　　（単位：円）

資　産	金　額		負債・純資産	金　額
現　　金		（　514,240）	支 払 手 形	（　260,000）
普 通 預 金		（1,321,160）	買 掛 金	（　243,900）
受 取 手 形	（　536,000）		未 払 費 用	（　　5,500）
売 掛 金	（　664,000）		未払法人税等	（　155,000）
貸 倒 引 当 金	36,000	（1,164,000）	借 入 金	（　400,000）
商　　品		（　320,000）	資 本 金	（4,000,000）
前 払 費 用		（　　9,000）	繰越利益剰余金	（　504,000）
建　　物	（3,000,000）			
減価償却累計額	（1,000,000）	（2,000,000）		
備　　品	（　360,000）			
減価償却累計額	（　120,000）	（　240,000）		
		（5,568,400）		（5,568,400）

149

これ、だいじょうぶ？　決算整理後残高試算表

決算整理仕訳を反映したあとの残高試算表を**決算整理後残高試算表**といいます。

例題 **1** について、決算整理後残高試算表を作成すると、次のとおりです。

決算整理後残高試算表
×8年3月31日

借　　方	勘 定 科 目	貸　　方
514,240	現　　　　　金	
1,321,160	普 通 預 金	
536,000	受 取 手 形	
664,000	売 掛 金	
320,000	繰 越 商 品	
9,000	前 払 保 険 料	
3,000,000	建　　　　　物	
360,000	備　　　　　品	
	支 払 手 形	260,000
	買 掛 金	243,900
	未 払 利 息	5,500
	未 払 法 人 税 等	155,000
	貸 倒 引 当 金	36,000
	借 入 金	400,000
	建物減価償却累計額	1,000,000
	備品減価償却累計額	120,000
	資 本 金	4,000,000
	繰 越 利 益 剰 余 金	200,000
	売　　　　　上	8,794,500
	受 取 手 数 料	56,000
6,872,000	仕　　　　　入	
1,250,000	給　　　　　料	
18,000	保 険 料	
23,000	貸 倒 引 当 金 繰 入	
160,000	減 価 償 却 費	
23,500	支 払 利 息	
200,000	法 人 税 等	
15,270,900		15,270,900

期末商品棚卸高 → 繰越商品

決算整理前残高試算表の金額 → 繰越利益剰余金 200,000

売上原価 → 仕入

150

MEMO

2. 精算表の作成

例題 2　次の決算整理事項等にもとづいて、精算表を完成させなさい。なお、会計期間は×4年4月1日から×5年3月31日までの1年である。

⏰ **18分**

決算整理事項等

1. 決算日にいたり、現金過不足のうち、¥300は広告費の記入漏れであることが判明した。残額については原因不明のため、適切な勘定に振り替える。

2. 備品¥18,000は×5年3月1日に購入し、すでに使用を始めているが、代金は×5年4月30日に支払うこととなっているため、未記帳となっている。

3. 仮受金は全額売掛金の回収額であることが判明した。

4. 期末商品棚卸高は¥10,000である。売上原価は「仕入」の行で計算すること。

5. 受取手形および売掛金の合計金額に対して、差額補充法により3%の貸倒引当金を設定する。

6. 備品について定額法（耐用年数：9年、残存価額：取得原価の10%）により減価償却を行う。なお、当期に購入した備品については従来の備品と同様に定額法による減価償却を行うが、耐用年数10年、残存価額は¥0として月割計算する。

7. 通信費として計上した郵便切手の購入代のうち、¥1,500が期末において未使用である。

8. 借入金は×4年12月1日に借入期間1年、年利率3%の条件で借り入れたもので、利息は返済時に元金とともに支払うことになっている。当期分の利息の計算は月割計算による。

9. 受取家賃は、毎年同額を7月1日に向こう12か月分として受け取っている。

精　算　表

勘 定 科 目	残 高 試 算 表		修 正 記 入		損 益 計 算 書		貸 借 対 照 表	
	借 方	貸 方	借 方	貸 方	借 方	貸 方	借 方	貸 方
現　　　　金	29,220							
現 金 過 不 足	400							
当 座 預 金	110,760							
受 取 手 形	35,000							
売 掛 金	26,700							
繰 越 商 品	12,800							
備　　　　品	12,000							
支 払 手 形		16,800						
買 掛 金		19,900						
未 払 金		10,000						
借 入 金		20,000						
仮 受 金		2,000						
貸 倒 引 当 金		300						
備品減価償却累計額		7,200						
資 本 金		90,000						
繰 越 利 益 剰 余 金		10,000						
売　　　　上		556,000						
受 取 家 賃		6,480						
仕　　　　入	406,300							
給　　　　料	87,800							
広 告 費	10,500							
通 信 費	4,200							
支 払 利 息	3,000							
	738,680	738,680						
貸 倒 引 当 金 繰 入								
減 価 償 却 費								
雑 （　　　）								
（　　　　　）								
（　　　）利 息								
（　　　）家 賃								
当 期 純（　　　）								

答案用紙に記入したら、  **で答えを CHECK!**

解き方の
道しるべ

資料の決算整理事項等から決算整理仕訳をして、答案用紙の精算表に金額や勘定科目を記入します。

STEP 1　問題文の確認

決算整理事項で月割計算をするものもあるので、はじめに必ず会計期間を確認しましょう。

期　首	当　期	期　末
×4年4/1		×5年3/31

STEP 2　決算整理仕訳と精算表の記入

〔　　〕には勘定科目を、（　　）には金額を記入しましょう。

決算整理事項を読んで決算整理仕訳をしたあと、精算表に記入してみましょう。

クロキチの
㊙ 合格テクニック

精算表はひとつずつ、ヨコにうめていこう！

精算表では、通常、修正記入欄には配点がありません。したがって、すべての決算整理事項について修正記入欄に記入してから損益計算書欄や貸借対照表欄に記入していく方法だと、万一、途中で試験時間が終了した場合、たとえ修正記入欄の記入（決算整理仕訳）が正しくても、損益計算書欄や貸借対照表欄に記入がされていないと得点はもらえません。

そこで、ひとつの決算整理事項の決算整理仕訳をして、修正記入欄を記入したら、そのまま損益計算書欄や貸借対照表欄まで記入してしまいましょう。そうすれば、途中で時間切れとなっても、記入した箇所だけ得点することができます。

通常、修正記入欄には配点はありません。また、残高試算表の金額をそのまま記入する箇所にも配点はありません。

通常、損益計算書欄または貸借対照表欄に配点があります。

勘 定 科 目	残 高 試 算 表		修 正 記 入		損 益 計 算 書		貸 借 対 照 表	
	借　方	貸　方	借　方	貸　方	借　方	貸　方	借　方	貸　方
受 取 手 形	35,000						35,000	
売 掛 金	26,700			2,000			24,700	
貸 倒 引 当 金		300		1,491				1,791
貸倒引当金繰入			1,491		1,491			

1. 現金過不足の整理

決算日にいたり、現金過不足のうち、¥300は広告費の記入漏れであることが判明した。残額については原因不明のため、適切な勘定に振り替える。

〔　　　　　　　〕（　　　　　）　〔　　　　　　　　〕（　　　　　）
〔　　　　　　　〕（　　　　　）　〔　　　　　　　　〕（　　　　　）

勘定科目	残高試算表		修正記入		損益計算書		貸借対照表	
	借方	貸方	借方	貸方	借方	貸方	借方	貸方
現 金 過 不 足	400							
広　　告　　費	10,500							
雑 （ 　 ）								

道しるべ
にしたがって
記入すると ▶▶▶

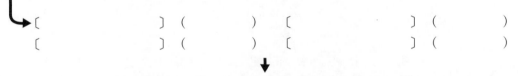

1. 現金過不足の整理
〔広　　告　　費〕（　　300）　〔現 金 過 不 足〕（　　400）
〔雑　　　　　損〕（　　100）　〔　　　　　　　〕（　　　　）

勘定科目	残高試算表		修正記入		損益計算書		貸借対照表	
	借方	貸方	借方	貸方	借方	貸方	借方	貸方
現 金 過 不 足	400			400				
広　　告　　費	10,500		300		10,800			
雑 （ 損 ）			100		100			

2. 備品の購入

備品¥18,000は×5年3月1日に購入し、すでに使用を始めているが、代金は×5年4月30日に支払うこととなっているため、未記帳となっている。

〔　　　　　　　〕（　　　　　）　〔　　　　　　　　〕（　　　　　）

勘定科目	残高試算表		修正記入		損益計算書		貸借対照表	
	借方	貸方	借方	貸方	借方	貸方	借方	貸方
備　　　　　品	12,000							
未　　払　　金		10,000						

道しるべ
にしたがって
記入すると ▶▶▶

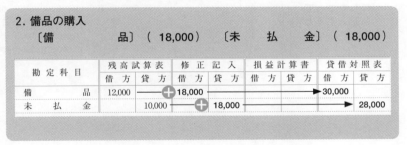

2. 備品の購入
〔備　　　　　品〕（ 18,000 ）　〔未　　払　　金〕（ 18,000 ）

勘定科目	残高試算表		修正記入		損益計算書		貸借対照表	
	借方	貸方	借方	貸方	借方	貸方	借方	貸方
備　　　　品	12,000		18,000				30,000	
未　　払　　金		10,000		18,000				28,000

3. 仮受金の処理

仮受金は全額売掛金の回収額であることが判明した。

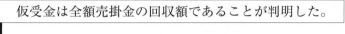

「売掛金の回収」ということは、売掛金は増える？　減る？

〔　　　　　　　〕（　　　　　）〔　　　　　　　〕（　　　　　）

勘 定 科 目	残 高 試 算 表		修 正 記 入		損 益 計 算 書		貸 借 対 照 表	
	借 方	貸 方	借 方	貸 方	借 方	貸 方	借 方	貸 方
売 掛 金	26,700							
仮 受 金		2,000						

道しるべ
にしたがって
記入すると ▶▶▶

3. 仮受金の処理
〔仮　　受　　金〕（　2,000）　〔売　　掛　　金〕（　2,000）

勘 定 科 目	残 高 試 算 表		修 正 記 入		損 益 計 算 書		貸 借 対 照 表	
	借 方	貸 方	借 方	貸 方	借 方	貸 方	借 方	貸 方
売 掛 金	26,700			➖2,000			24,700	
仮 受 金		2,000	2,000					

4. 売上原価の計算

期末商品棚卸高は¥10,000である。売上原価は「仕入」の行で計算すること。

〔　　　　　　　〕（　　　　　）　〔　　　　　　　〕（　　　　　）
〔　　　　　　　〕（　　　　　）　〔　　　　　　　〕（　　　　　）

勘 定 科 目	残 高 試 算 表		修 正 記 入		損 益 計 算 書		貸 借 対 照 表	
	借 方	貸 方	借 方	貸 方	借 方	貸 方	借 方	貸 方
繰 越 商 品	12,800							
仕 入	406,300							

道しるべ
にしたがって
記入すると ▶▶▶

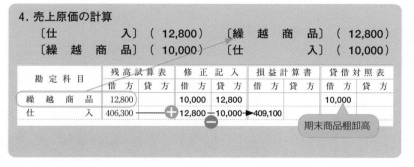

4. 売上原価の計算
〔仕　　　　　　入〕（　12,800）　〔繰　越　商　品〕（　12,800）
〔繰　越　商　品〕（　10,000）　〔仕　　　　　　入〕（　10,000）

勘 定 科 目	残 高 試 算 表		修 正 記 入		損 益 計 算 書		貸 借 対 照 表	
	借 方	貸 方	借 方	貸 方	借 方	貸 方	借 方	貸 方
繰 越 商 品	12,800		10,000	12,800			10,000	
仕 入	406,300		➕12,800	➖10,000	▶409,100			

期末商品棚卸高

5．貸倒引当金の設定

受取手形および売掛金の合計金額に対して、差額補充法により3％の貸倒引当金を設定する。

〔　　　　　　　　〕（　　　　　　）〔　　　　　　　　　　〕（　　　　　）

勘定科目	残高試算表		修正記入		損益計算書		貸借対照表	
	借　方	貸　方	借　方	貸　方	借　方	貸　方	借　方	貸　方
受 取 手 形	35,000							
売　　掛　　金	26,700			2,000			24,700	
貸 倒 引 当 金		300						
貸倒引当金繰入								

道しるべ
にしたがって
記入すると ▶▶▶

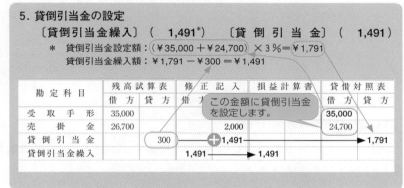

5．貸倒引当金の設定
〔貸倒引当金繰入〕（　1,491*）　〔貸 倒 引 当 金〕（　1,491）
　＊　貸倒引当金設定額：（¥35,000＋¥24,700）×3％＝¥1,791
　　　貸倒引当金繰入額：¥1,791－¥300＝¥1,491

勘定科目	残高試算表		修正記入		損益計算書		貸借対照表	
	借　方	貸　方	借　方	貸　方	借　方	貸　方	借　方	貸　方
受 取 手 形	35,000						35,000	
売　掛　金	26,700			2,000			24,700	
貸 倒 引 当 金		300		1,491				1,791
貸倒引当金繰入			1,491		1,491			

この金額に貸倒引当金を設定します。

6．固定資産の減価償却

　この例題では、期中（×5年3月1日）に備品¥18,000を購入しているので、この備品の減価償却費は月割りで計算します。

期　首　　　　　　　　　　　　購　入　　期　末

×4年4/1　　　　　　　　　　　×5年3/1　3/31
　　　　　　　　　　　　　　　　　　　1か月

備品について定額法（耐用年数：9年、残存価額：取得原価の10％）により減価償却を行う。なお、当期に購入した備品については従来の備品と同様に定額法による減価償却を行うが、耐用年数10年、残存価額は¥0として月割計算する。

〔　　　　　　　　〕（　　　　　　）〔　　　　　　　　　　〕（　　　　　）

勘定科目	残高試算表 借方	残高試算表 貸方	修正記入 借方	修正記入 貸方	損益計算書 借方	損益計算書 貸方	貸借対照表 借方	貸借対照表 貸方
備　　　　品	12,000		18,000				30,000	
備品減価償却累計額		7,200						
減 価 償 却 費								

にしたがって
記入すると▶▶▶

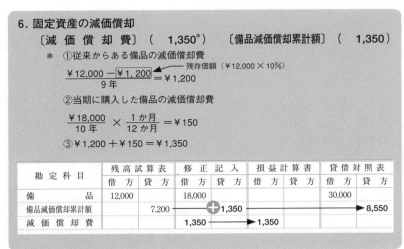

6．固定資産の減価償却
〔減 価 償 却 費〕（ 　1,350*　） 〔備品減価償却累計額〕（ 　1,350　）
＊ ①従来からある備品の減価償却費

残存価額（¥12,000×10%）

$$\frac{¥12,000 - ¥1,200}{9年} = ¥1,200$$

②当期に購入した備品の減価償却費

$$\frac{¥18,000}{10年} \times \frac{1か月}{12か月} = ¥150$$

③¥1,200 ＋ ¥150 ＝ ¥1,350

勘定科目	残高試算表 借方	残高試算表 貸方	修正記入 借方	修正記入 貸方	損益計算書 借方	損益計算書 貸方	貸借対照表 借方	貸借対照表 貸方
備　　　　品	12,000		18,000				30,000	
備品減価償却累計額		7,200		1,350				8,550
減 価 償 却 費			1,350		1,350			

7．貯蔵品勘定への振り替え

通信費として計上した金額のうち、未使用分がある場合には、**通信費（費用）**から**貯蔵品（資産）**に振り替えます。

通信費として計上した郵便切手の購入代のうち、¥1,500が期末において未使用である。

〔　　　　　　　〕（　　　　　） 〔　　　　　　　〕（　　　　　）

勘定科目	残高試算表 借方	残高試算表 貸方	修正記入 借方	修正記入 貸方	損益計算書 借方	損益計算書 貸方	貸借対照表 借方	貸借対照表 貸方
通 　信 　費	4,200							
（　　　　　　）								

道しるべ
にしたがって
記入すると ▶▶▶

7. 貯蔵品勘定への振り替え
〔貯　蔵　品〕（　1,500）　〔通　信　費〕（　1,500）

勘定科目	残高試算表		修正記入		損益計算書		貸借対照表	
	借方	貸方	借方	貸方	借方	貸方	借方	貸方
通　信　費	4,200			1,500	2,700			
（貯　蔵　品）			1,500				1,500	

8. 費用の未払処理

借入金は×4年12月1日に借入期間1年、年利率3％の条件で借り入れたもので、利息は返済時に元金とともに支払うことになっている。当期分の利息の計算は月割計算による。

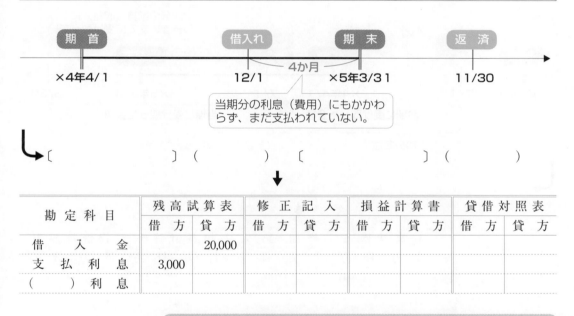

期　首	借入れ	期　末	返　済
×4年4/1	12/1	×5年3/31	11/30

4か月

当期分の利息（費用）にもかかわらず、まだ支払われていない。

〔　　　　　　　〕（　　　　　）　〔　　　　　　　〕（　　　　　）

勘定科目	残高試算表		修正記入		損益計算書		貸借対照表	
	借方	貸方	借方	貸方	借方	貸方	借方	貸方
借　入　金		20,000						
支　払　利　息	3,000							
（　　）利　息								

道しるべ
にしたがって
記入すると ▶▶▶

8. 費用の未払処理
〔支　払　利　息〕[*1]（　200）　〔未　払　利　息〕[*2]（　200）

＊1　4か月分の支払利息（費用）を計上します。

$$¥20,000 × 3\% × \frac{4か月}{12か月} = ¥200$$

＊2　まだ支払っていない利息なので**未払利息（負債）**。

勘定科目	残高試算表		修正記入		損益計算書		貸借対照表	
	借方	貸方	借方	貸方	借方	貸方	借方	貸方
借　入　金		20,000						20,000
支　払　利　息	3,000		200		3,200			
（未　払）利　息				200				200

9．収益の前受処理

　収益の前受処理とは、次期の収益であるにもかかわらず、すでに当期に受け取った金額を、当期の収益から控除することをいいます。

　なお、この例題のように「**毎年**同額を受け取っている（または支払っている）」という場合は、当期に受け取った（または支払った）金額だけでなく、前期から繰り越されている金額が決算整理前残高試算表の金額に含まれていることに注意しましょう。

> 毎年同額ということは、前期（×3年）の7月1日にも12か月分を受け取っています。

受取家賃は、毎年同額を7月1日に向こう12か月分として受け取っている。

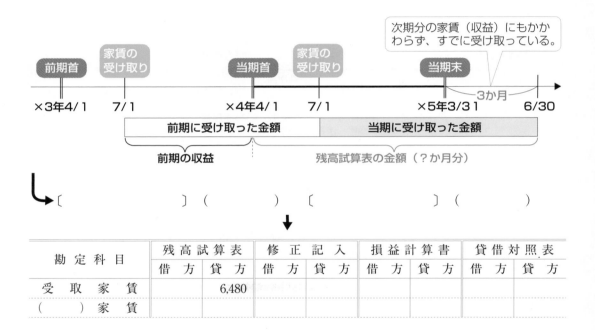

> 次期分の家賃（収益）にもかかわらず、すでに受け取っている。

勘定科目	残高試算表		修正記入		損益計算書		貸借対照表	
	借方	貸方	借方	貸方	借方	貸方	借方	貸方
受　取　家　賃		6,480						
（　　　）家　賃								

道しるべ

にしたがって
記入すると ▶▶▶

9. 収益の前受処理

　前期（×3年7月1日）に受け取った家賃のうち、当期分（×4年4月1日から6月30日までの3か月分）は、前期末に前受処理されていますが、当期首に再振替仕訳が行われるので、残高試算表の受取家賃に含まれています。

| 前期末の決算整理仕訳：（受取家賃）　××　　（前受家賃）　×× |
| 当期首の再振替仕訳：（前受家賃）　××　　（受取家賃）　×× |

> 3か月分。残高試算表の「受取家賃」に含まれています。

　また、当期の7月1日に12か月分を受け取っているので、残高試算表の受取家賃は15か月分（3か月分＋12か月分）の金額です。このうち、×5年4月1日から6月30日までの3か月分は次期の収益なので、3か月分の受取家賃を前受処理します。

〔受　取　家　賃〕（　1,296*1）〔前　受　家　賃*2〕（　1,296）

＊1　次期分（3か月分）を当期の収益から控除します。

$$¥6,480 \times \frac{3か月}{15か月} = ¥1,296$$

＊2　次期分の家賃を前受けしているので、前受家賃（負債）。

勘定科目	残高試算表 借方	残高試算表 貸方	修正記入 借方	修正記入 貸方	損益計算書 借方	損益計算書 貸方	貸借対照表 借方	貸借対照表 貸方
受　取　家　賃		6,480 −1,296				5,184		
（前受）家賃				1,296				1,296

STEP 3　決算整理事項等に関係のない勘定科目の金額を記入

　STEP 2 で、決算整理事項等に関係する勘定科目について金額を記入したら、次は決算整理事項等に関係のない勘定科目（資本金など）について、損益計算書欄と貸借対照表欄に金額を記入します。

> 残高試算表欄の金額を転記するだけですが、このような箇所には通常、配点はありません。

STEP 4　当期純利益（当期純損失）の計算

　最後に損益計算書欄または貸借対照表欄の貸借差額から、当期純利益または当期純損失を計算します。

精　算　表

勘定科目	残高試算表 借方	残高試算表 貸方	修正記入 借方	修正記入 貸方	損益計算書 借方	損益計算書 貸方	貸借対照表 借方	貸借対照表 貸方
当期純（　　　）								

精　算　表

勘定科目	残高試算表 借方	残高試算表 貸方	修正記入 借方	修正記入 貸方	損益計算書 借方	損益計算書 貸方	貸借対照表 借方	貸借対照表 貸方
現　　　　金	29,220						29,220	
現 金 過 不 足	400			400				
当 座 預 金	110,760						110,760	
受 取 手 形	35,000						35,000	
売 　掛　 金	26,700			2,000			24,700	
繰 越 商 品	12,800		10,000	12,800			10,000	
備　　　　品	12,000		18,000				30,000	
支 払 手 形		16,800						16,800
買 　掛　 金		19,900						19,900
未 　払　 金		10,000		18,000				28,000
借 　入　 金		20,000						20,000
仮 　受　 金		2,000	2,000					
貸 倒 引 当 金		300		1,491				1,791
備品減価償却累計額		7,200		1,350				8,550
資 　本　 金		90,000						90,000
繰越利益剰余金		10,000						10,000
売　　　　上		556,000				556,000		
受 取 家 賃		6,480	1,296			5,184		
仕　　　　入	406,300		12,800	10,000	409,100			
給　　　　料	87,800				87,800			
広 　告　 費	10,500		300		10,800			
通 　信　 費	4,200			1,500	2,700			
支 払 利 息	3,000		200		3,200			
	738,680	738,680						
貸倒引当金繰入			1,491		1,491			
減 価 償 却 費			1,350		1,350			
雑 　（ 損 ）			100		100			
（ 貯 蔵 品 ）			1,500				1,500	
（ 未 払 ）利 息				200				200
（ 前 受 ）家 賃				1,296				1,296
当 期 純（ 利 益 ）					44,643			44,643
			49,037	49,037	561,184	561,184	241,180	241,180

費用合計 ¥516,541　収益合計 ¥561,184

貸借差額で計算
（時間がなかったら計算しない）

クロキチの ㊙ 合格テクニック

当期純利益の金額が違っていても気にしない！

　決算整理仕訳や集計をひとつでも間違えていると、損益計算書欄と貸借対照表欄の当期純利益（または当期純損失）は一致しません。また、各欄の合計金額を計算するのに時間がかかるので、試験では、いったん当期純利益（または当期純損失）を計算したら、たとえ損益計算書欄の金額と貸借対照表欄の金額が違っていても、そのままにしておき、ほかの問題をすべて解き終わったあとに再度計算しなおすようにしましょう。

> 当期純利益（または当期純損失）の金額には通常2～3点の配点がありますが、ここで時間を使うより、ほかで2～3点を稼いだほうが得と考えてください。

精算表の作成

STEP 1 問題文の確認

　　　会計期間を必ずチェック！

STEP 2 決算整理仕訳と精算表の記入

ワンポイント CHECK!

> **決算整理仕訳のポイント**
>
> ・貸倒引当金…期末修正後の売掛金、受取手形に設定する
>
> ・減価償却費…期中に取得した固定資産については月割計算
>
> ・費用・収益の未払い・未収
>
> 　未払費用…当期の費用をまだ支払っていないので支払義務がある→負債
>
> 　未収収益…当期の収益をまだ受け取っていないのであとで受け取ることができる→資産
>
> ・費用・収益の前払い・前受け
>
> 　前払費用…次期の費用を当期に支払ったので、その分のサービスを受けることができる→資産
>
> 　前受収益…次期の収益を当期に受け取ってしまったので、その分のサービスを提供しなければならない義務がある→負債

STEP 3 決算整理事項等に関係のない勘定科目の金額を記入

STEP 4 当期純利益（当期純損失）の計算

163

電卓のメモリー機能でスピードアップ！

　たとえば、勘定科目ごとに借方合計と貸方合計を計算してから差額で残高を計算するような場合、電卓のメモリー機能（計算した数値を電卓に記憶させておく機能）を使うと便利です。

　仮に、借方の金額が￥500、￥600、￥700で貸方の金額が￥100、￥200、￥300であったとした場合、借方合計を電卓で計算すると￥500＋￥600＋￥700＝￥1,800となります。ここで、電卓の M+ を押すと￥1,800が電卓に記憶されます（電卓（画面）の端にM（メモリー）マークがつきます）。

　つづいて貸方合計を計算するために、クリアボタン（ C ）を押して画面上の数値を￥0にします。画面上は￥0になりましたが、画面の端にMマークがついているかぎり、先ほどの￥1,800は記憶されています（ためしに MR を押してみてください。￥1,800が表示されますよね？　 MR を押した人は再度画面の金額をクリアしてください）。

　貸方合計を電卓で計算すると￥100＋￥200＋￥300＝￥600となります。ここで今度は電卓の M− を押してから、 MR を押すと￥1,200が表示されます。これは M− が「記憶されている金額（￥1,800）から現在の画面上の金額（￥600）を引く」という機能で、 MR が「現在、記憶されている金額を表示する」という機能なので、電卓内で￥1,800−￥600＝￥1,200（残高）が計算されて表示されているのです。

　このように、メモリー機能を使うと鉛筆でメモする手間が省けますので、余裕のある方は練習して活用してみてくださいね。

※メモリー機能の意味は次のとおりです（電卓の機種によって異なる場合があります）。

 M+ …記憶されている数値に、現在電卓に表示されている数値を足す。
　　　（上記では￥0に￥1,800を足したので￥1,800が記憶されました）

 M− …記憶されている数値から、現在電卓に表示されている数値を引く。
　　　（上記では記憶されている￥1,800から￥600を引いています）

 MR または RM …現在、記憶されている数値を再表示する。

 MC または CM …現在、記憶されている数値をクリアする。
　　　（次の勘定科目の残高を計算する前に、必ず MC を押してメモリー数値をクリアしておきましょう）

問題 1　財務諸表　⏰ 15分

答案用紙…別冊 P.18　解答…解答解説編 P.188

次の資料にもとづいて、答案用紙の損益計算書と貸借対照表を完成させなさい。なお、会計期間は×４年４月１日から×５年３月31日までの１年である。

（資料１）決算整理前残高試算表

決算整理前残高試算表
×５年３月31日

借　方	勘定科目	貸　方
200,370	現　　　　　金	
	当 座 預 金	80,000
1,457,200	普 通 預 金	
350,000	受 取 手 形	
440,000	売 　　掛 　　金	
74,000	仮 払 法 人 税 等	
77,000	繰 越 商 品	
200,000	貸 　　付 　　金	
1,300,000	建 　　　　　物	
250,000	備 　　　　　品	
	支 払 手 形	126,000
	買 　　掛 　　金	156,950
	仮 　　受 　　金	60,000
	前 　　受 　　金	50,000
	未 　　払 　　金	15,000
	貸 倒 引 当 金	2,800
	建物減価償却累計額	819,000
	備品減価償却累計額	100,000
	資 　　本 　　金	2,000,000
	繰 越 利 益 剰 余 金	200,000
	売 　　　　　上	6,174,000
	受 取 家 賃	54,600
	受 取 利 息	3,500
4,710,000	仕 　　　　　入	
626,000	給 　　　　　料	
24,000	旅 費 交 通 費	
66,080	消 耗 品 費	
67,200	保 　　険 　　料	
9,841,850		9,841,850

（資料２）決算整理事項等

(1) 出張中の社員から当座預金口座に振り込まれた¥60,000を仮受金で処理していたが、¥40,000は得意先青山商事に対する売掛金を回収したものであり、¥20,000は得意先原宿商事から受け取った手付金であることが判明した。

(2) 当座預金勘定の貸方残高全額を借入金勘定に振り替える。なお、取引銀行とは借越限度額を¥500,000とする当座借越契約を結んでいる。

(3) 期末商品棚卸高は¥91,000である。

(4) 受取手形および売掛金の期末残高に対して、差額補充法により２％の貸倒引当金を設定する。

(5) 建物および備品に対して、以下の資料にもとづいて定額法により減価償却を行う。

　　建　物　残存価額：取得原価の10％
　　　　　　耐用年数：20年
　　備　品　残存価額：ゼロ
　　　　　　耐用年数：５年

(6) 貸付金は×５年１月１日に貸付期間１年、年利率４％の条件で貸し付けたもので、利息は元金とともに返済時に受け取ることになっている。

(7) 保険料は毎年12月１日に向こう１年分（毎年同額）を支払っている。

(8) 法人税等が¥250,000と計算されたので、仮払法人税等との差額を未払法人税等として計上する。

次の決算整理事項等にもとづいて、答案用紙の精算表を完成させなさい。なお、会計期間は×4年4月1日から×5年3月31日までの1年である。

(1) 決算日に現金過不足のうち、¥1,500は支払利息の記入漏れであることが判明したが、残額については原因が判明しないので、適当な勘定科目に振り替える。

(2) 売掛金¥22,000を取引先振出の小切手で回収したが、この処理がまだ行われていない。

(3) 備品のうち×2年4月1日に購入したコンピュータ（取得原価¥200,000、耐用年数5年、残存価額：取得原価の10%、償却方法：定額法）を決算日に¥100,000で売却したが、この処理がまだ行われていない。なお、売却代金は来月末に当座預金口座に振り込まれることになっている。また、当期分の減価償却費の計上も行う。

(4) 期末商品棚卸高は¥134,000である。なお、売上原価は「仕入」の行で計算すること。

(5) 租税公課として処理した収入印紙のうち、期末において未使用分が¥10,500ある。

(6) 受取手形および売掛金の期末残高に対して、差額補充法により5%の貸倒引当金を設定する。

(7) 建物および備品に対して、以下の資料にもとづいて定額法により減価償却を行う。
　　　残存価額：建物、備品ともに取得原価の10%
　　　耐用年数：建物30年、備品5年

(8) 保険料は毎年7月1日に向こう1年分を支払っている。なお、年間の保険料は昨年と同額である。

(9) 支払利息の未払額が¥3,200ある。

(10) 受取手数料の前受額が¥4,000ある。

(11) 地代の未収額が¥5,600ある。

　次の決算整理事項等にもとづいて、答案用紙の精算表を完成させなさい。なお、会計期間は×7年4月1日から×8年3月31日までの1年である。

⑴　得意先から掛け代金の支払いとして送金小切手¥50,000が送付されてきたが、これが未記帳であった。

⑵　前受金は得意先から商品の注文を受けた際に受け取ったものであるが、決算直前に注文品を販売した際に、誤って全額掛けで販売したものとして処理していることが判明した。

⑶　決算にいたり、現金過不足のうち¥2,000は受取手数料の記帳漏れであることが判明した。なお、残額については適当な勘定科目に振り替える。

⑷　当座預金勘定の貸方残高全額を借入金勘定に振り替える。なお、取引銀行とは借越限度額を¥300,000とする当座借越契約を結んでいる。

⑸　受取手形および売掛金の期末残高に対して、差額補充法により3%の貸倒引当金を設定する。

⑹　期末商品棚卸高は¥144,000である。なお、売上原価は「仕入」の行で計算すること。

⑺　建物および備品に対して、以下の資料にもとづいて定額法により減価償却を行う。

　　　建　物　残存価額：取得原価の10%　耐用年数：30年
　　　備　品　残存価額：ゼロ　　　　　　耐用年数：　5年

　　なお、建物のうち¥300,000については×7年5月1日に取得したもので、減価償却は残存価額ゼロ、耐用年数25年の月割計算で行う。

⑻　貸付金は×7年9月1日に貸付期間10か月、年利率3%の条件で貸し付けたもので、利息は貸付時に全額受け取っている。なお、当期分の利息は月割計算する。

⑼　借入金¥120,000は×7年11月1日に借入期間1年、年利率2%の条件で借り入れたもので、利息は元金の返済時に支払うこととしている。なお、当期分の利息は月割計算する。

⑽　家賃は×8年1月1日に向こう6か月分を一括して受け取ったものであり、未経過分は前受分として処理する。

問題 **4** 決算整理後残高試算表 ⏰ **18分**

答案用紙…別冊 P.24　解答…解答解説編 P.196

次の資料にもとづいて、下記の各問に答えなさい。なお、会計期間は×5年4月1日から×6年3月31日までの1年である。

（資料1）決算整理前残高試算表

決算整理前残高試算表
×6年3月31日

借　　方	勘 定 科 目	貸　　方
576,100	現　　　　　金	
2,625,000	普 通 預 金	
3,775,000	売 　掛 　金	
350,000	仮 払 法 人 税 等	
1,679,500	仮 払 消 費 税	
2,143,000	繰 越 商 品	
1,800,000	備　　　　　品	
	買 　掛 　金	1,610,000
	仮 受 消 費 税	2,600,000
	貸 倒 引 当 金	1,500
	借 　入 　金	1,000,000
	備品減価償却累計額	300,000
	資 　本 　金	3,000,000
	繰 越 利 益 剰 余 金	1,500,000
	売　　　　　上	26,000,000
13,750,000	仕　　　　　入	
1,400,000	支 払 家 賃	
195,000	租 税 公 課	
7,717,900	その他の費用	
36,011,500		36,011,500

（資料2）決算整理事項等

1．現金の実際有高は¥579,100である。帳簿残高との差異の原因は不明であるため、適切な処理をする。

2．売掛金の期末残高に対して、差額補充法により2%の貸倒引当金を設定する。

3．期末商品棚卸高は¥2,261,000である。

4．備品に対して、定額法（耐用年数6年、残存価額はゼロ）により減価償却を行う。

5．購入時に費用計上した収入印紙の未使用高が¥20,000あるため、貯蔵品に振り替える。

6．（資料1）の支払家賃は14か月分なので、2か月分を前払計上する。

7．借入金は×5年7月1日に期間1年、年利率3%で借り入れたもので、利息は返済時に支払うこととしている。

8．消費税の処理を行う。なお、当社は税抜方式で処理している。

9．法人税等が¥1,008,000と計算されたので、仮払法人税等との差額を未払法人税等として計上する。

問1　決算整理後残高試算表を完成させなさい。

問2　当期純利益または当期純損失の金額を答えなさい。なお、当期純損失の場合には、金額の頭に△をつけること。

実践問題
解答解説

第１問対策　実践問題（解答解説）

問題 1

		借　　方			貸　　方	
	記　号		金　額	記　号		金　額
1	(ウ)	通 信 費	13,000	(イ)	当 座 預 金	22,700
	(オ)	旅費交通費	8,500			
	(カ)	雑　　　費	1,200			
2	(カ)	支払手数料	4,000 *1	(オ)	売　　　上	200,000
	(エ)	クレジット売掛金	196,000 ← 貸借差額			
3	(ア)	売　　　上	80,000	(ウ)	売 掛 金	80,000 *2
4	(ウ)	仮 払 金	80,000	(イ)	現　　　金	80,000
5	(エ)	貸倒引当金	50,000	(イ)	売 掛 金	60,000
	(ア)	貸 倒 損 失	10,000			
6	(ウ)	従業員立替金	2,800	(オ)	現　　　金	20,000
	(カ)	雑　　　損	17,200 ← 貸借差額			
7	(イ)	仕　　　入	200,000	(エ)	支 払 手 形	120,000
				(カ)	買 掛 金	80,000 *3
8	(ア)	仕　　　入	100,000	(ウ)	前 払 金	40,000
				(エ)	買 掛 金	60,000 *4
9	(イ)	普 通 預 金	1,500,000	(ア)	資 本 金	1,500,000 *5
10	(オ)	給　　　料	330,000 *6	(エ)	所得税預り金	30,000
				(イ)	当 座 預 金	300,000
11	(オ)	当 座 預 金	85,000	(イ)	現　　　金	85,000
12	(ア)	受 取 家 賃	70,000 *7	(カ)	損　　　益	70,000
13	(イ)	買 掛 金	150,000	(カ)	普 通 預 金	151,000
	(ア)	支払手数料	1,000			
14	(エ)	当 座 預 金	200,000	(カ)	電子記録債権	200,000
15	(エ)	修 繕 費	80,000	(ウ)	差入保証金	300,000
	(オ)	普 通 預 金	220,000 *8			

```
＊1　¥200,000 × 2％ ＝ ¥4,000
＊2　@¥10,000 × 8 個 ＝ ¥80,000
＊3　¥200,000 － ¥120,000 ＝ ¥80,000
＊4　¥100,000 － ¥40,000 ＝ ¥60,000
＊5　@¥3,000 × 500 株 ＝ ¥1,500,000
＊6　¥30,000 ＋ ¥300,000 ＝ ¥330,000
＊7　¥72,000 ＋ ¥4,000 － ¥6,000 ＝ ¥70,000
＊8　¥300,000 － ¥80,000 ＝ ¥220,000
```

解説

1．支払報告と同時に補給しているので、小口現金勘定は用いません。

2．クレジット払いの条件で商品を販売したときの、あとで商品代金を受け取る権利は**クレジット売掛金（資産）**で処理します。また、信販会社に支払う手数料は**支払手数料（費用）**で処理します。

3．売上戻りがあったときは、売上時の仕訳を取り消す処理をします。

4．旅費交通費の金額がまだ確定していないため、**仮払金（資産）**で処理しておきます。

5．**前期に発生した売掛金**には貸倒引当金が設定されているので、**貸倒引当金を取り崩します**。なお、設定している貸倒引当金を超えて貸倒れが生じたときは、その超過額を**貸倒損失（費用）**で処理します。

6．現金の実際残高（¥400,000）が帳簿残高（¥420,000）より少ないため、現金の帳簿残高 ¥20,000（¥420,000 － ¥400,000）を減らします。また、従業員が負担すべき交通費を会社が立て替えているので、¥2,800 については**従業員立替金（資産）**で処理します。ここで、貸借差額 ¥17,200（¥20,000 － ¥2,800）が借

方に生じるので、残りの現金過不足（原因不明分）は**雑損（費用）**で処理します。

7. 約束手形を振り出したときは**支払手形（負債）**で処理します。

8. 手付金を支払ったとき、**前払金（資産）**として処理しているので、仕入時にはこれを減らします。

9. 株式を発行したときは、原則として払込金額の全額を**資本金（資本）**で処理します。

10. ¥300,000は手取額です。したがって、給料総額は源泉徴収額（¥30,000）に手取額（¥300,000）を足した金額（¥330,000）となります。

11. ①誤った仕訳の逆仕訳と②正しい仕訳を足した仕訳が③訂正仕訳となります。

誤 っ た 仕 訳：	(現　　　　　金)	85,000	(売　掛　金)	85,000
①誤った仕訳の逆仕訳：	(売~~　掛~~　~~金~~)	85,000	(現　　　金)	85,000
②正 し い 仕 訳：	(当 座 預 金)	85,000	(売~~　掛~~　~~金~~)	~~85,000~~
③訂正仕訳（①＋②）：	(当 座 預 金)	85,000	(現　　　金)	85,000

12. 決算において収益の勘定残高は損益勘定の貸方に振り替えます。

13. 普通預金口座の入出金明細なので、出金金額欄に記入があるものは普通預金の減少を表し、入金金額欄に記入があるものは普通預金の増加を表します。

10月20日の取引は、出金金額欄に記入があるので、**普通預金（資産）**の減少です。また、㈱福岡商事は商品の仕入先で、商品売買は掛けで行っていることから、㈱福岡商事に対する買掛金を普通預金口座から支払った取引であることがわかります。

なお、振込手数料¥1,000は**支払手数料（費用）**で処理します。

14. 電子記録債権の支払期日が到来し、債権額が入金されたときは、**電子記録債権（資産）**の減少で処理します。

15. 敷金の返還を受けたときは、**差入保証金（資産）**の減少で処理します。なお、差し引かれた修繕費は**修繕費（費用）**で処理します。

	借	方	貸	方
	記　号	金　額	記　号	金　額
1	(ウ) 仕　　　入	100,000	(オ) 前　払　金 (ア) 買　掛　金	60,000 40,000 *1
2	(エ) 備　　　品 (カ) 消　耗　品　費	405,000 *2 10,000	(ア) 当　座　預　金 (オ) 未　払　金 (イ) 現　　　金	200,000 210,000 *3 5,000
3	(ウ) 当　座　預　金	120,000	(カ) 前　受　金 (イ) 仮　受　金	100,000 20,000
4	(ウ) 買　掛　金	200,000	(ア) 電子記録債務	200,000
5	(エ) 繰越利益剰余金	1,100,000	(ア) 未払配当金 (カ) 利益準備金	1,000,000 100,000
6	(オ) 当座預金東西銀行 (カ) 当座預金南北銀行	100,000 100,000	(エ) 普　通　預　金	200,000
7	(エ) 当　座　預　金	230,000	(カ) 当　座　借　越	230,000
8	(カ) 現　　　金 (エ) 備品減価償却累計額 (イ) 減　価　償　却　費	240,000 360,000 *5 90,000 *4	(オ) 備　　　品 (ウ) 固定資産売却益 貸借差額	600,000 90,000
9	(エ) 前　受　金 (カ) 受　取　手　形 (イ) 発　送　費	50,000 306,000 *6 6,000	(ウ) 売　　　上 (オ) 未　払　金	356,000 6,000
10	(エ) 受取商品券 (カ) 現　　　金	30,000 40,000 *7	(イ) 売　　　上	70,000
11	(ア) 現金過不足	14,000	(カ) 支　払　家　賃	14,000
12	(ウ) 損　　　益	20,000 *8	(オ) 繰越利益剰余金	20,000
13	(カ) 普　通　預　金	222,500	(オ) 売　掛　金	222,500
14	(イ) 普　通　預　金	100,000	(ア) 償却債権取立益	100,000
15	(カ) 通　信　費 (イ) 租　税　公　課	5,000 8,000	(ア) 貯　蔵　品	13,000 *9

* 1　¥100,000 − ¥60,000 = ¥40,000
* 2　¥400,000 + ¥5,000 = ¥405,000
* 3　¥410,000 − ¥200,000 = ¥210,000
* 4　1年分の減価償却費：
$$\frac{¥600,000 − ¥60,000}{6年} = ¥90,000$$
* 5　¥90,000 × 4年 = ¥360,000
* 6　¥356,000 − ¥50,000 = ¥306,000
* 7　¥70,000 − ¥30,000 = ¥40,000
* 8　¥100,000 − ¥80,000 = ¥20,000
* 9　¥5,000 + ¥8,000 = ¥13,000

解説

1．すでに支払済みである手付金があるので、その金額を**前払金（資産）の減少**として処理します。
2．商品以外のものを購入したときの未払額は**未払金（負債）**で処理します。また、固定資産の購入に係る付随費用（設置費用¥5,000）は固定資産の取得原価に含めます。
3．商品の注文を受けた際に受け取った内金や手付金は、**前受金（負債）**で処理します。また、内容が不明の入金額は、入金の内容が判明するまで**仮受金（負債）**で処理します。
4．買掛金の支払いのために電子記録債務の発生記録をしているため、**買掛金（負債）**を減少させるとともに、**電子記録債務（負債）**を計上します。
5．株主総会で剰余金の配当額等が決定したときには、株主配当金については**未払配当金（負債）**で処理し、利益準備金積立額については**利益準備金（資本）**の増加として処理します。
6．普通預金口座から当座預金口座へ預けているので、**普通預金（資産）**を減少させ、**当座預金（資産）**を増加させます。なお、本問では口座ごとに勘定を設定しているため、「当座預金東西銀行」や「当座

預金南北銀行」などで処理します。

7. 当座借越が生じているため、当座預金残高が貸方残高となっています。そのため、貸方の当座預金を**当座借越（負債）**に振り替えます（本問は指定勘定科目に「当座借越」があり、「借入金」がないため、当座借越勘定に振り替えることがわかります）。

8. 備品の取得日（×1年4月1日）から前期末（×5年3月31日）までの4年分の減価償却費を計算します。なお、期末に売却しているので当期分の減価償却費も計上します。

9. 内金を受け取ったときに**前受金（負債）**で処理しているので、商品を売り上げたときには**前受金（負債）の減少**として処理します。また、送料（売上諸掛り）は**発送費（費用）**で処理します。

10. 商品券を受け取ったときには、**受取商品券（資産）**で処理します。

11. ①誤った仕訳の逆仕訳と②正しい仕訳を足した仕訳が③訂正仕訳となります。
    ①誤った仕訳の逆仕訳：(受　取　利　息) ~~5,000~~ (支　払　家　賃) 7,000
    　　　　　　　　　　　(現 金 過 不 足) 2,000
    ②正　し　い　仕　訳：(現 金 過 不 足) 12,000 (支　払　家　賃) 7,000*
    　　　　　　　　　　　　　　　　　　　　　　　 (受　取　利　息) ~~5,000~~
    ③訂正仕訳（①＋②）：**(現 金 過 不 足) 14,000 (支 払 家 賃) 14,000**
    ＊二重に計上されている場合はひとつを取り消します。

12. 損益勘定で計算された当期純利益（または当期純損失）は繰越利益剰余金勘定の貸方（または借方）に振り替えます。
    　¥100,000 － ¥80,000 ＝ ¥20,000 → 繰越利益剰余金勘定の貸方へ
    　　収益　　　　費用　　当期純利益

13. 普通預金口座の入出金明細なので、出金金額欄に記入があるものは普通預金の減少を表し、入金金額欄に記入があるものは普通預金の増加を表します。
    　10月22日の取引は入金金額欄に記入があるので、**普通預金（資産）**の増加です。また、熊本産業株式会社は当社の得意先で、商品売買は掛けで行っていることから、熊本産業株式会社に対する売掛金を回収し、普通預金口座に入金された取引であることがわかります。

14. 前期以前に貸倒れ処理した売掛金等を当期に回収したときは、回収額を**償却債権取立益（収益）**で処理します。

15. 前期の決算において、未使用の切手代および収入印紙代について、**通信費（費用）**や**租税公課（費用）**から**貯蔵品（資産）**に振り替えたときは、当期の期首において、逆仕訳をして元の勘定に振り戻します（**再振替仕訳**）。
    前期末の仕訳：(貯　　蔵　　品) 13,000 (通　　信　　費) 5,000
    　　　　　　　　　　　　　　　　　　 (租　税　公　課) 8,000
    再振替仕訳：(通　　信　　費) 5,000 (貯　　蔵　　品) 13,000
    　　　　　　 (租　税　公　課) 8,000

問題 3

	借 方			貸 方	
	記　号	金　額		記　号	金　額
1	(ウ) 支 払 利 息	6,250*1	(カ)	手 形 借 入 金	500,000
	(エ) 当 座 預 金	493,750			
2	(ウ) 仕　　　入	18,000*2	(カ)	買　掛　金	19,800
	(オ) 仮 払 消 費 税	1,800			
3	(オ) 現 金 過 不 足	5,000	(カ)	受 取 家 賃	3,000
		貸借差額 →	(エ)	雑　　　益	2,000
4	(ア) 社会保険料預り金	150,000	(カ)	現　　　金	300,000
	(オ) 法 定 福 利 費	150,000			
5	(ウ) 法人税,住民税及び事業税	310,000*3	(ア)	仮 払 法 人 税 等	100,000
		貸借差額 →	(オ)	未 払 法 人 税 等	210,000
6	(エ) 貯　蔵　品	11,500*4	(イ)	通　信　費	4,000
			(オ)	租 税 公 課	7,500
7	(イ) 差 入 保 証 金	400,000*5	(カ)	当 座 預 金	600,000
	(ア) 支 払 手 数 料	200,000			
8	(カ) 未 払 法 人 税 等	724,000	(エ)	普 通 預 金	724,000
9	(カ) 仮 受 消 費 税	400,000	(ア)	仮 払 消 費 税	160,000
		貸借差額 →	(エ)	未 払 消 費 税	240,000
10	(ウ) 給　　　料	1,500,000	(ア)	所 得 税 預 り 金	225,000
			(エ)	社会保険料預り金	120,000
		貸借差額 →	(カ)	当 座 預 金	1,155,000
11	(イ) 現 金 過 不 足	14,000	(カ)	売　掛　金	10,000
			(オ)	雑　　　益	4,000
12	(ウ) 未 払 利 息	3,000	(ア)	支 払 利 息	3,000
13	(オ) 土　　　地	600,000	(ウ)	普 通 預 金	600,000
	(カ) 支 払 手 数 料	1,000	(エ)	現　　　金	1,000
14	(イ) 建　　　物	300,000	(エ)	当 座 預 金	500,000
	(カ) 修　繕　費	200,000 ←		貸借差額	
15	(ウ) 貸　付　金	400,000	(ア)	当 座 預 金	390,000
			(エ)	受 取 利 息	10,000*6

* 1　$¥500,000 × 3\% × \dfrac{5 か月}{12 か月} = ¥6,250$
* 2　$¥9,000 + ¥6,000 + ¥3,000 = ¥18,000$
* 3　$¥250,000 + ¥50,000 + ¥10,000 = ¥310,000$
* 4　$¥4,000 + ¥7,500 = ¥11,500$
* 5　$¥200,000 × 2 か月 = ¥400,000$
* 6　$¥400,000 × 3\% × \dfrac{10 か月}{12 か月} = ¥10,000$

解説

1．資金を借り入れ、同額の約束手形を振り出しているので、**手形借入金（負債）**で処理します。
2．商品を仕入れたときにかかった消費税は、**仮払消費税（資産）**で処理します。
3．現金過不足が生じたときに

　　（現　　　　金）　5,000　　（現 金 過 不 足）　5,000

と処理しているため、原因が判明したときには現金過不足を減らします（借方に記入します）。
　また、誤記入の訂正仕訳は次のとおりです。

誤 っ た 仕 訳：（現　　　金）	50,000	（受 取 家 賃）	50,000
①誤った仕訳の逆仕訳：（受 取 家 賃）	50,000	（現　　　金）	50,000
②正 し い 仕 訳：（現　　　金）	53,000	（受 取 家 賃）	53,000
③訂正仕訳（① + ②）：（現　　　金）	3,000	（受 取 家 賃）	3,000

したがって、受取家賃￥3,000 を追加計上します。なお、貸借差額が貸方に生じるため、原因不明の現金過不足は**雑益（収益）**で処理します。

4．給与支払時に給与から差し引いた社会保険料（従業員負担分）は、**社会保険料預り金（負債）**で処理しています。したがって、納付時には**社会保険料預り金（負債）の減少**として処理します。また、会社負担分の社会保険料は、**法定福利費（費用）**で処理します。

5．決算において、法人税・住民税・事業税の額が確定したときは、**法人税、住民税及び事業税**で処理します。なお、中間納付時に**仮払法人税等（資産）**を計上しているので、決算時にはこれを減らし、差額については**未払法人税等（負債）**で処理します。

6．決算時に未使用分の郵便切手は**通信費（費用）**から**貯蔵品（資産）**に振り替えます。また、未使用の収入印紙は**租税公課（費用）**から**貯蔵品（資産）**に振り替えます。

7．敷金は**差入保証金（資産）**で処理します。また、仲介手数料は**支払手数料（費用）**で処理します。

8．「法人税」の「確定申告」となっているので、￥724,000 は法人税の確定申告・納付額であることがわかります。これは、決算時に計上した未払法人税等を納付したということなので、**未払法人税等（負債）の減少**で処理します。

9．決算において、**仮払消費税（資産）**と**仮受消費税（負債）**を相殺して、残額は**未払消費税（負債）**で処理します。

10．給与総額から天引きした源泉所得税は**所得税預り金（負債）**で処理し、従業員負担分の社会保険料は**社会保険料預り金（負債）**で処理します。

11．決算整理前の現金過不足勘定の残高（貸方）￥14,000 のうち￥10,000 は決算において原因が判明したため、**売掛金（資産）**に振り替え、原因が判明していない￥4,000 は**雑益（収益）**に振り替えます。

　　　　原因判明分：（現　金　過　不　足）　10,000　（売　　　掛　　　金）　10,000
　　　　原因不明分：（現　金　過　不　足）　　4,000　（雑　　　　　　　益）　　4,000

12．決算において未払い・未収、前払い・前受けの処理をした費用や収益は、翌期首に再振替仕訳（決算時の逆仕訳）をします。本問の勘定は未払利息勘定なので、前期末に次の仕訳がされています。

　　　　前期末の仕訳：（支　払　利　息）　3,000　（未　払　利　息）　3,000
　　　　したがって、当期首に行う再振替仕訳は次のようになります。
　　　　再振替仕訳：（未　払　利　息）　3,000　（支　払　利　息）　3,000

13．土地の整備費用は、**土地（資産）**の取得原価に含めて処理します。また、振込手数料は**支払手数料（費用）**で処理します。

14．建物の価値を高めるための資本的支出は**建物（資産）**で処理します。また、建物の従来の機能を維持するための収益的支出は**修繕費（費用）**で処理します。

15．資金を貸し付けているので**貸付金（資産）**で処理します。なお、貸付金に係る利息は**受取利息（収益）**で処理します。

第2問対策　実践問題（解答解説）

問題 1

①	②	③	④	⑤
オ	エ	イ	ウ	ア
⑥	（ A ）	（ B ）	（ C ）	（ D ）
ウ	6,000	28,000	50,000	50,000

解説

各日付の仕訳を考えてから勘定に記入しましょう。

(1)　期首（4月1日）の仕訳

　期首（4月1日）の日付は受取手数料勘定と未収手数料勘定にあります。これは未収手数料として前期に未収処理した金額を期首に受取手数料勘定に振り替えている（再振替仕訳をしている）ことを表します。

3/31　（未 収 手 数 料）　6,000　　（受 取 手 数 料）　6,000

4/ 1　（受 取 手 数 料）　6,000　　（未 収 手 数 料）　6,000

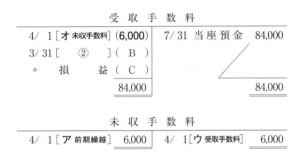

```
              受 取 手 数 料
4/ 1［オ 未収手数料］（6,000）│7/31 当座預金　84,000
3/31［  ②  ］（ B ）    │
  〃  損    益（ C ）    │
              84,000       │       84,000
```

```
              未 収 手 数 料
4/ 1［ア 前期繰越］ 6,000 │ 4/ 1［ウ 受取手数料］ 6,000
```

(2)　期末（3月31日）の仕訳

　期末（3月31日）の日付は受取手数料勘定、前受手数料勘定、損益勘定にあります。したがって、期末において手数料の前受分を次期の収益とし、さらに受取手数料勘定の貸借差額から当期の受取手数料（収益）を計算し、これを損益勘定に振り替えていることがわかります。

3/31　（受 取 手 数 料）　28,000　　（前 受 手 数 料）　28,000　←収益の前受処理
　　　（受 取 手 数 料）　50,000　　（損　　　　　益）　50,000　←損益勘定への振り替え

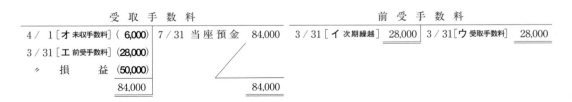

```
            受 取 手 数 料
4/ 1［オ 未収手数料］（6,000）│ 7/31 当座預金　84,000
3/31［エ 前受手数料］（28,000）│
  〃  損    益（50,000）     │
            84,000          │       84,000
```

```
            前 受 手 数 料
3/31［イ 次期繰越］ 28,000 │ 3/31［ウ 受取手数料］ 28,000
```

未 収 手 数 料		損 益	
4/ 1［ア 前期繰越］ 6,000	4/ 1［ウ 受取手数料］ 6,000		3/ 31 受取手数料 （**50,000**）

問題 2

仮 払 法 人 税 等

〈11/29〉 〔 ア 〕 （ 325,000）	〈3/31〉 〔 ウ 〕 （ 325,000）

未 払 法 人 税 等

〈5/30〉 〔 ア 〕 （ 250,000）	〈4/1〉 〔 イ 〕 （ 250,000）
〈3/31〉 〔 ケ 〕 （ 215,000）	〈3/31〉 〔 ウ 〕 （ 215,000）
（ 465,000）	（ 465,000）

法 人 税 等

〈3/31〉 〔 ク 〕 （ 540,000）	〈3/31〉 〔 キ 〕 （ 540,000）

損 益

3/31	仕 入	2,400,000	3/31	売 上	7,800,000
3/31	その他費用	3,600,000			
〈3/31〉	〔 ウ 〕	（ 540,000）			
〈3/31〉	〔 カ 〕	（ 1,260,000）			
		（ 7,800,000）			（ 7,800,000）

解説

法人税等に関する勘定記入の問題です。

資料の指示にしたがって、下書き用紙に仕訳を書いてから勘定に記入しましょう。

(1) 前期末（3/31）の仕訳

　　前期の法人税等が¥650,000、前期の中間納付額が¥400,000なので、前期末における法人税等を計上する仕訳は次のようになります。

　　3/31 （法 人 税 等）650,000 　（仮 払 法 人 税 等）400,000
　　　　　　　　　　　　　　　　　　（未 払 法 人 税 等）250,000

　　未払法人税等¥250,000は、当期に繰り越されるので、未払法人税等勘定の貸方に当期首の日付（**4/1**）で、「**前期繰越**」として、¥250,000を記入します。

(2) 未払法人税等の納付時（5/30）の仕訳

　　前期末に計上した未払法人税等の納付の仕訳をします。

　　5/30 （未 払 法 人 税 等）250,000 　（普 通 預 金）250,000

(3) 中間納付時（11/29）の仕訳

　　法人税等の中間納付の仕訳をします。なお金額は、「前期の法人税等の半分」なので、¥325,000（¥650,000÷2）です。

　　11/29 （仮 払 法 人 税 等）325,000 　（普 通 預 金）325,000

(4) **決算時（3/31）の仕訳**

決算において、当期の法人税等の額が確定したら、法人税等を計上します。本問では、損益勘定で当期の利益を計算し、それに30％を掛けて法人税等の金額を計算します。

当期の利益：$\underline{¥7,800,000}-(\underline{¥2,400,000}+\underline{¥3,600,000})=¥1,800,000$
　　　　　　　売上　　　　　　仕入　　　その他費用

法人税等：$¥1,800,000 × 30％ = ¥540,000$

3/31 （法 人 税 等） 540,000 （仮払法人税等） 325,000
　　　　　　　　　　　　　　　　 （未払法人税等） 215,000

(5) **決算振替仕訳（3/31）**

法人税等勘定の残高を**損益勘定**に振り替えます。

3/31 （損　　　　　益） 540,000 （法 人 税 等） 540,000

最後に損益勘定の残高を**繰越利益剰余金勘定**に振り替えます。

3/31 （損　　　　　益） 1,260,000 （繰越利益剰余金） 1,260,000

以上より、各勘定の空欄を埋めると、次のとおりです。

仮 払 法 人 税 等

〈11/29〉	〔ア　普通預金〕	（　325,000）	〈3/31〉	〔ウ　法人税等〕	（　325,000）

未 払 法 人 税 等

〈5/30〉	〔ア　普通預金〕	（　250,000）	〈4/ 1〉	〔イ　前期繰越〕	（　250,000）
〈3/31〉	〔ケ　次期繰越〕	（　215,000）	〈3/31〉	〔ウ　法人税等〕	（　215,000）
		（　465,000）			（　465,000）

法 人 税 等

〈3/31〉	〔ク　諸　口〕	（　540,000）	〈3/31〉	〔キ　損　益〕	（　540,000）

損　　　　益

3/31	仕　　　入	2,400,000	3/31	売　　　上	7,800,000
3/31	その他費用	3,600,000			
〈3/31〉	〔ウ　法人税等〕	（　540,000）			
〈3/31〉	〔カ　繰越利益剰余金〕	（　1,260,000）			
		（　7,800,000）			（　7,800,000）

（　ア　）	（　イ　）	（　ウ　）	（　エ　）	（　Ａ　）
634,000	432,000	198,000	188,000	減価償却費

解　説

　固定資産の取得および減価償却に関する勘定記入の問題です。当期（×4年4月1日から×5年3月31日まで）の仕訳を考えて解答しましょう。

(1)　**備品勘定の記入**

　①×4年4月1日 前期繰越…（ア）

　　当期首（×4年4月1日）時点で、所有する備品は備品Aと備品Bです。したがって、備品勘定の前期繰越額は備品Aと備品Bの取得原価を合計して求めます。

　　　前期繰越額：¥250,000 ＋ ¥384,000 ＝ ¥634,000

　②×4年9月1日 備品Cの購入…（イ）

　　備品Cの取得年月日が×4年9月1日なので、備品C（取得原価¥432,000）は当期に取得したことがわかります。

　　　取得時の仕訳：（備　　　　　品）432,000 （当　座　預　金）432,000

(2)　**備品減価償却累計額勘定の記入**

　①×4年4月1日 前期繰越…（ウ）

　　固定資産台帳の期首減価償却累計額の合計金額（¥198,000）を記入します。

　②×5年3月31日（貸方）…（Ａ）（エ）

　　決算において、減価償却をすることによって、減価償却累計額勘定の貸方に金額が記入されます。なお、当期の減価償却費は、固定資産台帳の当期減価償却費の合計金額より¥188,000とわかります。

　　　決算時の仕訳：（減　価　償　却　費）188,000 （備品減価償却累計額）188,000

以上より、各勘定の空欄は次のようになります。

備　　　　　品

日　付		摘　要	借　方	日　付		摘　要	貸　方
×4	4　1	前 期 繰 越	（ア　634,000）	×5	3　31	次 期 繰 越	（　1,066,000）
	9　1	当 座 預 金	（イ　432,000）				
			（　1,066,000）				（　1,066,000）

備品減価償却累計額

日　付		摘　要	借　方	日　付		摘　要	貸　方
×5	3　31	次 期 繰 越	（　386,000）	×4	4　1	前 期 繰 越	（ウ　198,000）
				×5	3　31	（A減価償却費）	（エ　188,000）
			（　386,000）				（　386,000）

180

		8 /10	(仕 入)	225,000	(買 掛 金)	220,000
					(現 金)	5,000
		15	(支 払 手 形)	100,000	(当 座 預 金)	100,000
		20	(仕 入)	400,000	(買 掛 金)	400,000
		25	(仕 入)	3,000	(現 金 過 不 足)	3,000

問題 6

〔問 1〕

商 品 有 高 帳
A商品

(移動平均法)

Ⓐ
①金額：￥38,600 ＋￥100,000
　　　 ＝￥138,600
②数量：20 個＋ 50 個＝ 70 個
③単価：￥138,600 ÷ 70 個＝@ ￥1,980

日付		摘 要	受		入	払		出	残		高
			数 量	単 価	金 額	数 量	単 価	金 額	数 量	単 価	金 額
6	1	前 月 繰 越	20	1,930	38,600				20	1,930	38,600
	14	仕 入	50	2,000	100,000				70	Ⓐ1,980	138,600
	15	仕 入 戻 し				20	2,000	40,000	50	Ⓑ1,972	98,600
	19	売 上				35	1,972	69,020	15	1,972	29,580
	22	仕 入	45	2,200	99,000				60	Ⓒ2,143	128,580
	25	売 上				50	2,143	107,150	10	2,143	21,430

Ⓑ
①金額：￥138,600 －￥40,000 ＝￥98,600
②数量：70 個－ 20 個＝ 50 個
③単価：￥98,600 ÷ 50 個＝@ ￥1,972

Ⓒ
①金額：￥29,580 ＋￥99,000 ＝￥128,580
②数量：15 個＋ 45 個＝ 60 個
③単価：￥128,580 ÷ 60 個＝@ ￥2,143

〔問 2〕
売上総利益：￥ 100,830

解 説

　返品は商品の移動があるので、商品有高帳に記入します。なお、〔問 2〕移動平均法の売上総利益は次のように計算します。

① 売 上 高：￥112,000 ＋ ￥165,000 ＝￥277,000
　　　　　　　6 /19売上　　6 /25売上
② 売 上 原 価：商品有高帳の「売上」に係る払出金額の合計
　　　　　　￥ 69,020 ＋ ￥107,150 ＝￥176,170
　　　　　　6 /19売上　　6 /25売上
③ 売上総利益：￥277,000 － ￥176,170 ＝￥100,830

(1)（**オ 受 取 手 形**）記入帳

(2)

取引日	借　　　方		貸　　　方	
	記　　号	金　　額	記　　号	金　　額
2／16	（オ）受 取 手 形	200,000	（キ）売 　 掛 　 金	200,000
2／20	（オ）受 取 手 形	300,000	（イ）売 　　　　 上	300,000
3／16	（エ）当 座 預 金	200,000	（オ）受 取 手 形	200,000

解 説

　摘要欄に「売掛金」、「売上」とある（てん末欄に「当座預金口座に入金」とある）ので、受取手形記入帳であることがわかります。

買掛金元帳の残高（10月31日時点）
田中商事　¥　**12,000**　　　　　　矢島商事　¥　**8,600**

解 説

　取引の仕訳をしたあと、買掛金元帳の残高を計算します。なお、この問題は田中商事と矢島商事の買掛金残高を求めるため、仕訳をする際には「買掛金」の後ろに取引先名も書いておきましょう。

(1)　**取引の仕訳**

10／ 3	（仕	入）	24,000	（買 掛 金・田中			24,000
5	（仕	入）	36,000	（当 座 預 金）			10,000
				（買 掛 金・矢 島）			26,000
6	（買 掛 金・矢 島）		3,000	（仕		入）	3,000
14	（仕	入）	41,000	（支 払 手 形）			20,500
				（買 掛 金・田中			20,500
18	（仕	入）	24,800	（買 掛 金・矢 島）			24,800
22	（仕	入）	18,900	（買 掛 金・永 田）			18,900
25	（買 掛 金・田中		51,300	（当 座 預 金）			51,300
	（買 掛 金・矢 島）		60,000	（当 座 預 金）			60,000

(2)　**買掛金元帳の残高**

①田中商事：¥18,800 ＋ ¥24,000 ＋ ¥20,500 － ¥51,300 ＝ ¥12,000
　　　　　　10/1残高

②矢島商事：¥20,800 ＋ ¥26,000 － ¥3,000 ＋ ¥24,800 － ¥60,000 ＝ ¥8,600
　　　　　　10/1残高

(1)

出 金 伝 票		振 替 伝 票			
科　　　目	金　　額	借 方 科 目	金　　額	貸 方 科 目	金　　額
（力 買 掛 金）	10,000	（ア 仕　　　入）	50,000	（力 買 掛 金）	50,000

(2)

入 金 伝 票		振 替 伝 票			
科　　　目	金　　額	借 方 科 目	金　　額	貸 方 科 目	金　　額
（オ 売　　　上）	30,000	（エ 前 受 金）	40,000	売　　　　　上	40,000

解 説

取引の仕訳と答案用紙に記載された伝票の仕訳から起票方法を推定して、伝票の空欄に記入します。

(1)の取引について

①取引の仕訳：(仕　　　　　入)　50,000　(現　　　　　金)　10,000
　　　　　　　　　　　　　　　　　　　　(買　掛　金)　40,000

②伝票の仕訳
　　出金伝票：(　　　　　　　)　10,000　(現　　　　金)　10,000
　　振替伝票：(　　　　　　　)　50,000　(　　　　　　　)　50,000

③取引を分解する方法による仕訳
　　①の仕訳を現金仕入と掛け仕入に分解したときの仕訳と起票される伝票は次のとおりです。
　　　　　　　　　(仕　　　　　入)　10,000　(現　　　　金)　10,000 ➡ 出金 伝票
　　　　　　　　　(仕　　　　　入)　40,000　(買　掛　金)　40,000 ➡ 振替 伝票

④2つの取引があったとみなす方法による仕訳
　「全額、掛けで仕入れたあと、ただちに掛け代金を現金で支払った」とみなした場合の仕訳と起票される伝票は次のとおりです。
　　　　　　　　　(仕　　　　　入)　50,000　(買　掛　金)　50,000 ➡ 振替 伝票
　　　　　　　　　(買　掛　金)　10,000　(現　　　　金)　10,000 ➡ 出金 伝票

⑤答案用紙への記入
　　以上より、④の方法によって起票していることがわかります。

(2)の取引について

　　①取引の仕訳：（前　　受　　金）　40,000　（売　　　　　　上）　70,000
　　　　　　　　　（現　　　　　金）　30,000

　　②伝票の仕訳
　　　　入金伝票：（現　　　　　金）　30,000　（　　　　　　　　　）　30,000
　　　　振替伝票：（　　　　　　　）　40,000　（売　　　　　　上）　40,000

　　③取引を分解する方法による仕訳
　　　　①の仕訳を前受金の相殺による売上と現金売上に分解したときの仕訳と起票される伝票は次のとおりです。
　　　　　　　　　（前　　受　　金）　40,000　（売　　　　　　上）　40,000 ➡ 振替 伝票
　　　　　　　　　（現　　　　　金）　30,000　（売　　　　　　上）　30,000 ➡ 入金 伝票

　　④２つの取引があったとみなす方法による仕訳
　　　　「いったん、全額、売上金額分の前受金を充当したあと、前受金¥30,000を現金で受け取った」とみなした場合の仕訳と起票される伝票は次のとおりです。
　　　　　　　　　（前　　受　　金）　70,000　（売　　　　　　上）　70,000 ➡ 振替 伝票
　　　　　　　　　（現　　　　　金）　30,000　（前　　受　　金）　30,000 ➡ 入金 伝票

　　⑤答案用紙への記入
　　　　以上より、③の方法によって起票していることがわかります。

問題 10

①	②	③	④	⑤
ウ	ウ	エ	カ	オ
⑥	A	B	C	
キ	10,000	150,000	350,000	

解説

３伝票制による場合の伝票記入の問題です。

(1)の取引について

　●取引の仕訳：（仕　　　　　入）　60,000　（現　　　　　金）　10,000
　　　　　　　　　　　　　　　　　　　　　　　（買　　掛　　金）　50,000

　●伝票の仕訳
　　　　出金伝票：（　　①　　）　A　（現　　　　　金）　A
　　　　振替伝票：（　　②　　）　50,000　（　　③　　）　50,000

　●取引を分解する方法による仕訳
　　　　取引の仕訳を２つに分解したときの仕訳と起票される伝票は次のとおりです。

184

(仕	入)	10,000	(現	金)	10,000 ➡	出金 伝票
(仕	入)	50,000	(買 掛 金)	50,000 ➡	振替 伝票

●2つの取引があったとみなす方法による仕訳

「全額、掛けで仕入れたあと、買掛金¥10,000を現金で支払った」とみなした場合の仕訳と起票される伝票は次のとおりです。

(仕	入)	60,000	(買 掛 金)	60,000 ➡	振替 伝票
(買 掛 金)	10,000	(現	金)	10,000 ➡	出金 伝票

●答案用紙への記入

以上より、取引を分解する方法によって起票していることがわかります。

出　金　伝　票		振　替　伝　票			
科　　目	金　　額	借方科目	金　　額	貸方科目	金　　額
(① ウ 仕 入)	(A 10,000)	(② ウ 仕 入)	50,000	(③ エ 買掛金)	50,000

(2)の取引について

●取引の仕訳：
(減価償却累計額)	380,000	(備　　品)	500,000
(現　　金)	150,000	(固定資産売却益)	30,000

●伝票の仕訳
入金伝票：(現　　金) B　　(備　　品) B
振替伝票：(　　④　　) 380,000　(　　⑤　　) C
　　　　　(　　⑥　　) 30,000

●答案用紙への記入

以上から、取引の仕訳を次のように分けて起票していることがわかります。

(現　　金)	150,000	(備　　品)	150,000 ➡	入金 伝票
(減価償却累計額)	380,000	(備　　品)	350,000 ➡	振替 伝票
		(固定資産売却益)	30,000	

入　金　伝　票		振　替　伝　票			
科　　目	金　　額	借方科目	金　　額	貸方科目	金　　額
備　　品	(B 150,000)	(④ カ 減価償却累計額)	380,000	(⑤ オ 備　　品)	(C 350,000)
				(⑥ キ 固定資産売却益)	30,000

185

仕 訳 日 計 表

×5年8月1日　　　　　　　　　28

借　　方	元　丁	勘 定 科 目	元　丁	貸　　方
210,000		現　　　　　金		99,000
186,000		売　　掛　　金		156,000
15,000		仮　　払　　金		
	省	貸　　付　　金	省	54,000
		支　払　手　形		42,000
126,000	略	買　　掛　　金	略	135,000
		売　　　　　上		186,000
135,000		仕　　　　　入		
672,000				672,000

総 勘 定 元 帳

売 掛 金　　　　　　　　3

×5年		摘　　　要	仕丁	借　　方	貸　　方	借／貸	残　　高
8	1	前 月 繰 越	✓	390,000		借	390,000
	〃	仕 訳 日 計 表	省	186,000		〃	576,000
	〃	〃	略		156,000	〃	420,000

買 掛 金　　　　　　　　18

×5年		摘　　　要	仕丁	借　　方	貸　　方	借／貸	残　　高
8	1	前 月 繰 越	✓		271,500	貸	271,500
	〃	仕 訳 日 計 表	省		135,000	〃	406,500
	〃	〃	略	126,000		〃	280,500

解 説

伝票から仕訳日計表を作成し、総勘定元帳に転記する問題です。

⑴　**入金伝票の仕訳**

No. 101	（現　　　　　金）	84,000	（売　　掛　　金）	84,000
No. 102	（現　　　　　金）	72,000	（売　　掛　　金）	72,000
No. 103	（現　　　　　金）	54,000	（貸　　付　　金）	54,000

⑵　**出金伝票の仕訳**

No. 201	（買　　掛　　金）	39,000	（現　　　　　金）	39,000
No. 202	（仮　　払　　金）	15,000	（現　　　　　金）	15,000
No. 203	（買　　掛　　金）	45,000	（現　　　　　金）	45,000

(3) 振替伝票の仕訳

No. 301	（仕	入）	57,000	（買	掛	金）	57,000
No. 302	（仕	入）	78,000	（買	掛	金）	78,000
No. 303	（売	掛	金）	96,000	（売	上）	96,000
No. 304	（売	掛	金）	90,000	（売	上）	90,000
No. 305	（買	掛	金）	42,000	（支 払 手 形）	42,000

第３問対策　実践問題（解答解説）

問題 1

損 益 計 算 書
×４年４月１日から×５年３月31日まで　　　（単位：円）

費　用	金　額	収　益	金　額
売 上 原 価	(4,696,000)	売 上 高	(6,174,000)
給 料	(626,000)	受 取 家 賃	(54,600)
旅 費 交 通 費	(24,000)	受 取 利 息	(5,500)
消 耗 品 費	(66,080)		
保 険 料	(40,320)		
貸倒引当金繰入	(12,200)		
減 価 償 却 費	(108,500)		
法 人 税 等	(250,000)		
当期純（利 益）	(411,000)		
	(6,234,100)		(6,234,100)

貸 借 対 照 表
×５年３月31日　　　（単位：円）

資　産	金　額		負債・純資産	金　額
現 金		(200,370)	支 払 手 形	(126,000)
普 通 預 金		(1,457,200)	買 掛 金	(156,950)
受 取 手 形	(350,000)		前 受 金	(70,000)
売 掛 金	(400,000)		未 払 金	(15,000)
貸 倒 引 当 金	(15,000)	(735,000)	未払法人税等	(176,000)
商 品		(91,000)	借 入 金	(80,000)
未 収 収 益		(2,000)	資 本 金	(2,000,000)
前 払 費 用		(26,880)	繰越利益剰余金	(611,000)
貸 付 金		(200,000)		
建 物	(1,300,000)			
減価償却累計額	(877,500)	(422,500)		
備 品	(250,000)			
減価償却累計額	(150,000)	(100,000)		
		(3,234,950)		(3,234,950)

¥200,000＋¥411,000
残高試算表　損益計算書当期純利益

188

決算整理仕訳を示すと次のとおりです。

(1) 仮受金の処理

| （仮 受 金） | 60,000 | （売 掛 金） | 40,000 |
| | | （前 受 金） | 20,000 |

(2) 当座借越の処理

| （当 座 預 金） | 80,000 | （借 入 金） | 80,000 |

(3) 売上原価の計算

| （仕 入） | 77,000 | （繰 越 商 品） | 77,000 |
| （繰 越 商 品） | 91,000 | （仕 入） | 91,000 |

(4) 貸倒引当金の設定

| （貸倒引当金繰入） | 12,200* | （貸 倒 引 当 金） | 12,200 |

＊貸倒引当金：（¥350,000＋¥440,000 －¥40,000）× 2 ％＝¥15,000

貸倒引当金繰入：¥15,000－¥2,800 ＝¥12,200

(5) 減価償却費の計上

| （減 価 償 却 費） | 108,500 | （建物減価償却累計額） | 58,500*1 |
| | | （備品減価償却累計額） | 50,000*2 |

残存価額（¥1,300,000×10%）

＊1 $\frac{¥1,300,000－¥130,000}{20 年}＝¥58,500$

＊2 $\frac{¥250,000}{5 年}＝¥50,000$

(6) 受取利息の未収処理

| （未 収 利 息） | 2,000 | （受 取 利 息） | 2,000* |

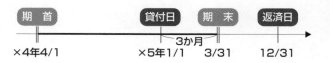

＊×5年1月1日から×5年3月31日までの3か月分の利息を未収計上します。

$¥200,000 × 4 ％ × \frac{3 か月}{12 か月}＝¥2,000$

(7) 保険料の前払処理

| （前 払 保 険 料） | 26,880 | （保 険 料） | 26,880* |

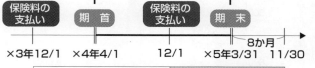

＊残高試算表の保険料（¥67,200）は×4年4月1日から×5年11月30日までの20か月分が計上されています。そこで、このうち8か月分（×5年4月1日から×5年11月30日）を次期の費用として、当期の費用から控除します。

$¥67,200 × \frac{8 か月}{20 か月}＝¥26,880$

(8) 法人税等の計上

| （法 人 税 等） | 250,000 | （仮払法人税等） | 74,000 |
| | | （未払法人税等） | 176,000 |

精　算　表

勘定科目	残高試算表 借方	残高試算表 貸方	修正記入 借方	修正記入 貸方	損益計算書 借方	損益計算書 貸方	貸借対照表 借方	貸借対照表 貸方
現　　　　金	224,100		22,000				246,100	
現 金 過 不 足	2,000			2,000				
当 座 預 金	309,600						309,600	
受 取 手 形	120,000						120,000	
売 　掛 　金	152,000			22,000			130,000	
未 収 入 金	3,000		100,000				103,000	
繰 越 商 品	180,000		134,000	180,000			134,000	
建　　　　物	3,000,000						3,000,000	
備　　　　品	480,000			200,000			280,000	
支 払 手 形		194,000						194,000
買 　掛 　金		193,400						193,400
借 　入 　金		600,000						600,000
貸 倒 引 当 金		9,500		3,000				12,500
建物減価償却累計額		810,000		90,000				900,000
備品減価償却累計額		172,800	72,000	50,400				151,200
資 　本 　金		1,000,000						1,000,000
繰越利益剰余金		400,000						400,000
売　　　　上		3,400,000				3,400,000		
受 取 手 数 料		51,200	4,000			47,200		
受 取 地 代		142,000		5,600		147,600		
固定資産売却益		50,000		8,000		58,000		
仕　　　　入	1,693,000		180,000	134,000	1,739,000			
給　　　　料	690,000				690,000			
保 　険 　料	16,800			3,360	13,440			
広 告 宣 伝 費	86,000				86,000			
租 税 公 課	38,400		¥1,500+ ¥3,200	10,500	27,900			
支 払 利 息	28,000		4,700		32,700			
	7,022,900	7,022,900						
雑 （ 損 ）			500		500			
貯 　蔵 　品			¥36,000+ ¥140,400 10,500				10,500	
貸倒引当金繰入			3,000		3,000			
減 価 償 却 費			176,400		176,400			
（前 払）保 険 料			3,360				3,360	
（未 払）利 息				3,200				3,200
（前 受）手 数 料				4,000				4,000
（未 収）地 代			5,600				5,600	
当 期 純（利 益）					883,860			883,860
			716,060	716,060	3,652,800	3,652,800	4,342,160	4,342,160

決算整理仕訳を示すと次のとおりです。

(1) 現金過不足

（支 払 利 息） 1,500 （現 金 過 不 足） 2,000
（雑　　　　　損） 500

(2) 売掛金の回収

（現　　　　　金） 22,000 （売　 掛　 金） 22,000

(3) 備品の売却

（備品減価償却累計額） 72,000*2 （備　　　　　品） 200,000
（減 価 償 却 費） 36,000*1 （固定資産売却益） 8,000
（未 収 入 金） 100,000

> *1 当期末に売却しているので当期分（1年分）の減価償却費を計上します。
>
> $$\frac{¥200,000 - \overline{¥20,000}\text{（残存価額（¥200,000×10%)）}}{5\,年} = ¥36,000$$
>
> *2 取得日（×2年4月1日）から前期末（×4年3月31日）までの2年分の減価償却累計額を計算します。
>
> ¥36,000 × 2 年 ＝ ¥72,000

(4) 売上原価の計算

（仕　　　　　入） 180,000 （繰　 越　 商　 品） 180,000
（繰　 越　 商　 品） 134,000 （仕　　　　　入） 134,000

(5) 貯蔵品勘定への振り替え

（貯　 蔵　 品） 10,500 （租　 税　 公　 課） 10,500

(6) 貸倒引当金の設定

（貸 倒 引 当 金 繰 入） 3,000* （貸 倒 引 当 金） 3,000

> *貸倒引当金：（¥120,000 ＋ ¥152,000 － ¥22,000）× 5％ ＝ ¥12,500
>
> 貸倒引当金繰入：¥12,500 － ¥9,500 ＝ ¥3,000

(7) 減価償却費の計上

（減 価 償 却 費） 140,400 （建物減価償却累計額） 90,000*1
（備品減価償却累計額） 50,400*2

> *1 $$\frac{¥3,000,000 - \overline{¥300,000}\text{（残存価額（¥3,000,000×10%)）}}{30\,年} = ¥90,000$$
>
> *2 ¥480,000 － ¥200,000 ＝ ¥280,000（期末に残っている備品）
>
> $$\frac{¥280,000 - \overline{¥28,000}\text{（残存価額（¥280,000×10%)）}}{5\,年} = ¥50,400$$

(8) 保険料の前払処理

(前 払 保 険 料) 3,360 (保 険 料) 3,360 *

*残高試算表の保険料（¥16,800）は×4年4月1日から×5年6月30日までの15か月分が計上されています。そこで、このうち3か月分（×5年4月1日から×5年6月30日）を次期の費用として、当期の費用から控除します。

$$¥16,800 × \frac{3か月}{15か月} = ¥3,360$$

```
                          ┌─────── 当期 ───────┐
 ┌────┐  ┌────────┐  ┌────┐  ┌────────┐        ┌────┐
 │前期首│  │保険料の│  │当期首│  │保険料の│        │当期末│
 └────┘  │ 支払い │  └────┘  │ 支払い │        └────┘
          └────────┘          └────────┘              3か月
 ─╫──────────╫────────╫──────────╫────────╫────────────────→
 ×3年4/1    7/1    ×4年4/1     7/1   ×5年3/31      6/30
```

前期に支払った金額	当期に支払った金額
前期の費用	残高試算表の金額（15か月分）

(9) 支払利息の未払処理

(支 払 利 息) 3,200 (未 払 利 息) 3,200

(10) 受取手数料の前受処理

(受 取 手 数 料) 4,000 (前 受 手 数 料) 4,000

(11) 地代の未収処理

(未 収 地 代) 5,600 (受 取 地 代) 5,600

精　算　表

勘定科目	残高試算表 借方	残高試算表 貸方	修正記入 借方	修正記入 貸方	損益計算書 借方	損益計算書 貸方	貸借対照表 借方	貸借対照表 貸方
現　　　　　金	214,600		50,000				264,600	
現 金 過 不 足		3,000	3,000					
普 通 預 金	560,000						560,000	
当 座 預 金		50,000	50,000					
受 取 手 形	140,000						140,000	
売 掛 金	282,000			50,000			210,000	
				22,000				
繰 越 商 品	132,000		144,000	132,000			144,000	
貸 付 金	200,000						200,000	
建 物	1,000,000						1,000,000	
備 品	144,000						144,000	
支 払 手 形		150,500						150,500
買 掛 金		132,700						132,700
借 入 金		120,000		50,000				170,000
前 受 金		22,000	22,000					
未 払 金		5,000						5,000
貸 倒 引 当 金		5,600		4,900				10,500
建物減価償却累計額		399,000		32,000				431,000
備品減価償却累計額		57,600		28,800				86,400
資 本 金		1,200,000						1,200,000
繰越利益剰余金		126,000						126,000
売 上		3,664,400				3,664,400		
受 取 手 数 料		4,200		2,000		6,200		
受 取 家 賃		168,000	84,000			84,000		
受 取 利 息		5,000	1,500			3,500		
仕 入	2,990,000		132,000	144,000	2,978,000			
給 料	398,000				398,000			
水 道 光 熱 費	50,000				50,000			
支 払 利 息	2,400		1,000		3,400			
	6,113,000	6,113,000						
雑 （ 益 ）				1,000		1,000		
貸倒引当金繰入			4,900		4,900			
減 価 償 却 費			60,800		60,800			
前 受（利 息）				1,500				1,500
（未 払）利 息				1,000				1,000
（前 受）家 賃				84,000				84,000
当 期 純（利 益）					264,000			264,000
			553,200	553,200	3,759,100	3,759,100	2,662,600	2,662,600

決算整理仕訳を示すと次のとおりです。

(1)　送金小切手の処理

（現　　　　　金）　50,000*　（売　　掛　　金）　50,000

＊送金小切手は現金(資産)で処理します。

(2)　前受金の処理

（前　　受　　金）　22,000*　（売　　掛　　金）　22,000

＊①誤った仕訳：(売掛金) 22,000 (売　上) 22,000

②①の逆仕訳：(売　上) 22,000 (売掛金) 22,000
③正しい仕訳：(前受金) 22,000 (売　上) 22,000
④訂正仕訳：(前受金) 22,000 (売掛金) 22,000

(3)　現金過不足の処理

（現 金 過 不 足）　3,000　（受 取 手 数 料）　2,000
　　　　　　　　　　　　　（雑　　　　　益）　1,000

(4)　当座借越の処理

期末において、当座借越が生じている（当座預金が貸方残高である）ときは、**当座借越（負債）**または**借入金（負債）**に振り替えます。

（当　座　預　金）　50,000　（借　　入　　金）　50,000

(5)　貸倒引当金の設定

（貸倒引当金繰入）　4,900*　（貸 倒 引 当 金）　4,900

＊貸倒引当金：(¥140,000 ＋ ¥282,000
　　　　　　　－ ¥50,000 － ¥22,000) × 3％ ＝ ¥10,500
貸倒引当金繰入：¥10,500 － ¥5,600
　　　　　　　　　　　　　　　　＝ ¥4,900

(6)　売上原価の計算

（仕　　　　　入）　132,000　（繰　越　商　品）　132,000
（繰　越　商　品）　144,000　（仕　　　　　入）　144,000

(7)　減価償却費の計上

（減 価 償 却 費）　60,800　（建物減価償却累計額）　32,000*1
　　　　　　　　　　　　　　（備品減価償却累計額）　28,800*2

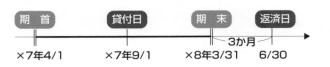

* 1
①旧建物：
　¥1,000,000 － ¥300,000 ＝ ¥700,000
　　　　　　　　　　　残存価額（¥700,000×10%）

$$\frac{¥700,000 - ¥70,000}{30 \text{年}} = ¥21,000$$

②新建物：

$$\frac{¥300,000}{25 \text{年}} \times \frac{11 \text{か月}}{12 \text{か月}} = ¥11,000$$

③¥21,000 ＋ ¥11,000 ＝ ¥32,000

* 2　$\dfrac{¥144,000}{5 \text{年}} = ¥28,800$

(8)　受取利息の前受処理

（受 取 利 息）　1,500*　（前 受 利 息）　1,500

＊×7年9月1日から×8年6月30日までの10か月分の利息をすでに受け取っているので、このうち×8年4月1日から×8年6月30日までの3か月分の利息を次期の収益として、当期の収益から控除します。

$$¥200,000 \times 3\% \times \frac{3 \text{か月}}{12 \text{か月}} = ¥1,500$$

(9) 支払利息の未払処理

（支　払　利　息）1,000*　　（未　払　利　息）　1,000　　＊¥120,000 × 2％ × $\frac{5 か月}{12 か月}$ = ¥1,000

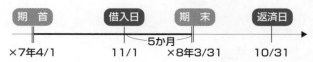

(10) 受取家賃の前受処理

（受　取　家　賃）84,000*　　（前　受　家　賃）84,000

＊残高試算表の受取家賃（¥168,000）は
×8年1月1日から×8年6月30日ま
での6か月分が計上されています。そ
こで、このうち3か月分（×8年4月
1日から×8年6月30日）を次期の収
益として、当期の収益から控除します。

¥168,000 × $\frac{3 か月}{6 か月}$ = ¥84,000

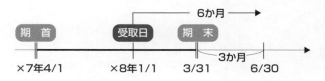

問1

決算整理後残高試算表

×6年3月31日

借　　　方	勘 定 科 目	貸　　　方
579,100	現　　　　　金	
2,625,000	普 通 預 金	
3,775,000	売 　掛　 金	
2,261,000	繰 越 商 品	
20,000	貯 　蔵　 品	
200,000	（ **前 払** ）家　賃	
1,800,000	備　　　　　品	
	買 　掛　 金	1,610,000
	（ **未 払** ）利　息	22,500
	（ **未 払** ）消 費 税	920,500
	未 払 法 人 税 等	658,000
	貸 倒 引 当 金	75,500
	借 　入　 金	1,000,000
	備品減価償却累計額	600,000
	資 　本　 金	3,000,000
	繰越利益剰余金	1,500,000
	売　　　　　上	26,000,000
13,632,000	仕　　　　　入	
1,200,000	支 払 家 賃	
175,000	租 税 公 課	
	雑 　（ **益** ）	3,000
74,000	貸倒引当金繰入	
300,000	減 価 償 却 費	
22,500	支 払 利 息	
1,008,000	法 人 税 等	
7,717,900	その他の費用	
35,389,500		35,389,500

問2 　（ ¥　1,873,600 ）

問1 決算整理後残高試算表の完成

決算整理仕訳を示すと次のとおりです。

(1) 現金過不足の処理

（現　　　　　金）　3,000 *　　（雑　　　　　益）　3,000

> ＊ ¥579,100 － ¥576,100 ＝ ¥3,000

(2) 貸倒引当金の設定

（貸倒引当金繰入）　74,000 *　　（貸 倒 引 当 金）　74,000

> ＊貸倒引当金：¥3,775,000 × 2 ％
> 　　　　　　　＝ ¥75,500
> 　貸倒引当金繰入：¥75,500 － ¥1,500
> 　　　　　　　＝ ¥74,000

(3) 売上原価の計算

（仕　　　　　入）2,143,000　　（繰 越 商 品）2,143,000
（繰 越 商 品）2,261,000　　（仕　　　　　入）2,261,000

　　売上原価（決算整理後残高試算表の仕入）：

　　$\underset{\substack{\text{決算整理前残高}\\\text{試算表の仕入}}}{\underline{¥13,750,000}}$ ＋ ¥2,143,000 － ¥2,261,000 ＝ ¥13,632,000

(4) 減価償却費の計上

（減 価 償 却 費）　300,000 *　　（備品減価償却累計額）　300,000

> ＊ $\dfrac{¥1,800,000}{6 \text{年}}$ ＝ ¥300,000

(5) 貯蔵品勘定への振り替え

（貯　蔵　品）　20,000　　（租 税 公 課）　20,000

(6) 支払家賃の前払処理

（前 払 家 賃）　200,000　　（支 払 家 賃）　200,000 *

> ＊ $¥1,400,000 × \dfrac{2 \text{か月}}{14 \text{か月}}$ ＝ ¥200,000

(7) 支払利息の未払処理

（支 払 利 息）　22,500 *　　（未 払 利 息）　22,500

> ＊ $¥1,000,000 × 3 ％ × \dfrac{9 \text{か月}}{12 \text{か月}}$ ＝ ¥22,500

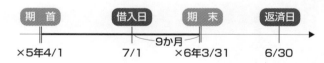

(8) 消費税の処理

（仮 受 消 費 税）2,600,000　　（仮 払 消 費 税）1,679,500
　　　　　　　　　　　　　　　（未 払 消 費 税）　920,500

(9) 法人税等の計上

（法 人 税 等）1,008,000　　（仮払法人税等）　350,000
　　　　　　　　　　　　　　（未払法人税等）　658,000

問2　当期純損益

問1の決算整理後残高試算表より、収益から費用を差し引いて当期純損益を計算します。

当期純損益：￥26,003,000 − ￥24,129,400 ＝ ￥1,873,600

決算整理後残高試算表

×6年3月31日

借　　方	勘 定 科 目	貸　　方
	：	
	売　　　　　　上	26,000,000
13,632,000	仕　　　　　　入	
1,200,000	支　払　家　賃	
175,000	租　税　公　課	
	雑　（　益　）	3,000
74,000	貸倒引当金繰入	
300,000	減 価 償 却 費	
22,500	支　払　利　息	
1,008,000	法　人　税　等	
7,717,900	その他の費用	
35,389,500		35,389,500

費用合計
￥24,129,400

収益合計
￥26,003,000

198

【著者】
滝澤ななみ（たきざわ・ななみ）
簿記、ＦＰ、宅建士など多くの資格書を執筆している。
主な著書は『スッキリわかる日商簿記』1〜3級（15
年連続全国チェーン売上第1位※1）、『みんなが欲し
かった！簿記の教科書・問題集』日商2・3級、『みん
なが欲しかった！ＦＰの教科書』2・3級（10年連続売上
第1位※2）、『みんなが欲しかった！ＦＰの問題集』2
・3級、『みんなが欲しかった！宅建士の教科書・問題
集』（9年連続売上第1位※3）など。
※1　紀伊國屋書店PubLine／三省堂書店／丸善ジュンク堂書店　2009年1月〜2023年12月（各
　　社調べ、50音順）
※2　紀伊國屋書店PubLine調べ　2014年1月〜2023年12月
※3　紀伊國屋書店PubLine調べ　2015年度版〜2023年度版（毎年度10月〜9月で集計）

〈ホームページ〉『滝澤ななみのすすめ！』
著者が運営する簿記・ＦＰ・宅建士に関する情報サイト。
ネット試験対応の練習問題も掲載しています。
URL：https://takizawananami-susume.jp/

日商簿記3級
みんなが欲しかった！やさしすぎる解き方の本　第5版

（プラス8点のための問題演習　日商簿記3級　2009年11月2日　初版　第1刷発行）
（日商簿記3級　みんなが欲しかった問題演習の本　2013年1月25日　初版　第1刷発行）

2017年3月17日　初　版　第1刷発行
2023年3月26日　第5版　第1刷発行
2024年7月24日　　　　　第2刷発行

著　　者　　滝　澤　な　な　み
発　行　者　　多　田　敏　男
発　行　所　　TAC株式会社　出版事業部
　　　　　　　　　　　　　　（TAC出版）
　　　　　　〒101-8383
　　　　　　東京都千代田区神田三崎町3-2-18
　　　　　　電話 03（5276）9492（営業）
　　　　　　FAX 03（5276）9674
　　　　　　https://shuppan.tac-school.co.jp

イラスト　　佐　藤　雅　則
印　　刷　　株式会社ワ　コ　ー
製　　本　　東京美術紙工協業組合

© Nanami Takizawa 2023　　Printed in Japan　　ISBN 978-4-300-10021-9
　　　　　　　　　　　　　　　　　　　　　　　　N.D.C. 336

簿記検定講座のご案内

選べる学習メディアでご自身に合うスタイルでご受講ください!

通学講座　　[3級コース] [3・2級コース] [2級コース] [1級コース] [1級上級コース]

教室講座　　通って学ぶ

定期的な日程で通学する学習スタイル。常に講師と接することができるという教室講座の最大のメリットがありますので、疑問点はその日のうちに解決できます。また、勉強仲間との情報交換も積極的に行えるのが特徴です。

ビデオブース講座　　通って学ぶ／予約制

ご自身のスケジュールに合わせて、TACのビデオブースで学習するスタイル。日程を自由に設定できるため、忙しい社会人に人気の講座です。

直前期教室出席制度
直前期以降、教室受講に振り替えることができます。

無料体験入学
ご自身の目で、耳で体験し納得してご入学いただくために、無料体験入学をご用意しました。

無料講座説明会
もっとTACのことを知りたいという方は、無料講座説明会にご参加ください。

無料
予約不要※

※ビデオブース講座の無料体験入学は要予約。
　無料講座説明会は一部校舎では要予約。

通信講座　　[3級コース] [3・2級コース] [2級コース] [1級コース] [1級上級コース]

Web通信講座　　スマホやタブレットにも対応／見て学ぶ

教室講座の生講義をブロードバンドを利用し動画で配信します。ご自身のペースに合わせて、24時間いつでも何度でも繰り返し受講することができます。また、講義動画はダウンロードして2週間視聴可能です。有効期間内は何度でもダウンロード可能です。
※Web通信講座の配信期間は、お申込コースの目標月の翌月末までです。

TAC WEB SCHOOL ホームページ
URL https://portal.tac-school.co.jp/
※お申込み前に、左記のサイトにて必ず動作環境をご確認ください。

DVD通信講座　　見て学ぶ

講義を収録したデジタル映像をご自宅にお届けします。講義の臨場感をクリアな画像でご自宅にて再現することができます。
※DVD-Rメディア対応のDVDプレーヤーでのみ受講が可能です。パソコンやゲーム機での動作保証はいたしておりません。

資料通信講座（1級のみ）

テキスト・添削問題を中心として学習します。

Webでも無料配信中!　スマホ タブレット／パソコン

「TAC動画チャンネル」

- ● 講座説明会　※収録内容の変更のため、配信されない期間が生じる場合がございます。
- ● 1回目の講義（前半分）が視聴できます

詳しくは、TACホームページ
「TAC動画チャンネル」をクリック!

[TAC動画チャンネル　簿記] [検索]

コースの詳細は、簿記検定講座パンフレット・TACホームページをご覧ください。

パンフレットのご請求・お問い合わせは、TACカスタマーセンターまで

通話無料 ゴウカク イイナ **0120-509-117**

受付時間 月～金 9:30～19:00／土・日・祝 9:30～18:00
※携帯電話からもご利用になれます。

TAC簿記検定講座ホームページ
[TAC 簿記] [検索]

簿記検定講座

お手持ちの教材がそのまま使用可能!
【テキストなしコース】のご案内

TAC簿記検定講座のカリキュラムは市販の教材を使用しておりますので、こちらのテキストを使ってそのまま受講することができます。独学では分かりにくかった論点や本試験対策も、TAC講師の詳しい解説で理解度も120%UP! 本試験合格に必要なアウトプット力が身につきます。独学との差を体感してください。

左記の各メディアが【テキストなしコース】でお得に受講可能!

こんな人にオススメ!

● テキストにした書き込みをそのまま活かしたい!

● これ以上テキストを増やしたくない!

● とにかく受講料を安く抑えたい!

※お申込前に必ずお手持ちのバージョンをご確認ください。場合によっては最新のものに買い直していただくことがございます。詳細はお問い合わせください。

お手持ちの教材をフル活用!!

合格テキスト

合格トレーニング

会計業界への就職・転職支援サービス

TPB

TACの100%出資子会社であるTACプロフェッションバンク（TPB）は、会計・税務分野に特化した転職エージェントです。勉強された知識とご希望に合ったお仕事を一緒に探しませんか? 相談だけでも大歓迎です! どうぞお気軽にご利用ください。

人材コンサルタントが無料でサポート

Step1 相談受付
完全予約制です。HPからご登録いただくか、各オフィスまでお電話ください。

Step2 面談
ご経験やご希望をお聞かせください。あなたの将来について一緒に考えましょう。

Step3 情報提供
ご希望に適うお仕事があれば、その場でご紹介します。強制はいたしませんのでご安心ください。

正社員で働く

- 安定した収入を得たい
- キャリアプランについて相談したい
- 面接日程や入社時期などの調整をしてほしい
- 今就職すべきか、勉強を優先すべきか迷っている
- 職場の雰囲気など、求人票でわからない情報がほしい

TACキャリアエージェント
https://tacnavi.com/

派遣で働く（関東のみ）

- 勉強を優先して働きたい
- 将来のために実務経験を積んでおきたい
- まずは色々な職場や職種を経験したい
- 家庭との両立を第一に考えたい
- 就業環境を確認してから正社員で働きたい

TACの経理・会計派遣
https://tacnavi.com/haken/

※ご経験やご希望内容によってはご支援が難しい場合がございます。予めご了承ください。　※面談時間は原則お一人様30分とさせていただきます。

自分のペースでじっくりチョイス

正社員・アルバイトで働く

- 自分の好きなタイミングで就職活動をしたい
- どんな求人案件があるのか見たい
- 企業からのスカウトを待ちたい
- WEB上で応募管理をしたい

Webで

TACキャリアナビ
https://tacnavi.com/kyujin/

就職・転職・派遣就労の強制は一切いたしません。会計業界への就職・転職を希望される方への無料支援サービスです。どうぞお気軽にお問い合わせください。

 TACプロフェッションバンク

■ 有料職業紹介事業 許可番号13-ユ-010678　■ 一般労働者派遣事業 許可番号（派）13-010932
■ 特定募集情報等提供事業 届出受理番号51-募-000541

東京オフィス
〒101-0051
東京都千代田区神田神保町1-103
東京パークタワー 2F
TEL.03-3518-6775

大阪オフィス
〒530-0013
大阪府大阪市北区茶屋町 6-20
吉田茶屋町ビル 5F
TEL.06-6371-5851

名古屋 登録会場
〒453-0014
愛知県名古屋市中村区則武 1-1-7
NEWNO 名古屋駅西 8F
TEL.0120-757-655

10860572

TAC出版 書籍のご案内

TAC出版では、資格の学校TAC各講座の定評ある執筆陣による資格試験の参考書をはじめ、資格取得者の開業法や仕事術、実務書、ビジネス書、一般書などを発行しています！

TAC出版の書籍

*一部書籍は、早稲田経営出版のブランドにて刊行しております。

資格・検定試験の受験対策書籍

- ✪日商簿記検定
- ✪建設業経理士
- ✪全経簿記上級
- ✪税 理 士
- ✪公認会計士
- ✪社会保険労務士
- ✪中小企業診断士
- ✪証券アナリスト

- ✪ファイナンシャルプランナー(FP)
- ✪証券外務員
- ✪貸金業務取扱主任者
- ✪不動産鑑定士
- ✪宅地建物取引士
- ✪賃貸不動産経営管理士
- ✪マンション管理士
- ✪管理業務主任者

- ✪司法書士
- ✪行政書士
- ✪司法試験
- ✪弁理士
- ✪公務員試験(大卒程度・高卒者)
- ✪情報処理試験
- ✪介護福祉士
- ✪ケアマネジャー
- ✪電験三種　ほか

実務書・ビジネス書

- ✪会計実務、税法、税務、経理
- ✪総務、労務、人事
- ✪ビジネススキル、マナー、就職、自己啓発
- ✪資格取得者の開業法、仕事術、営業術

一般書・エンタメ書

- ✪ファッション
- ✪エッセイ、レシピ
- ✪スポーツ
- ✪旅行ガイド (おとな旅プレミアム/旅コン)

TAC出版

(2024年2月現在)

書籍のご購入は

1 全国の書店、大学生協、ネット書店で

2 TAC各校の書籍コーナーで

資格の学校TACの校舎は全国に展開!
校舎のご確認はホームページにて

資格の学校TAC ホームページ
https://www.tac-school.co.jp

3 TAC出版書籍販売サイトで

CYBER TAC出版書籍販売サイト
BOOK STORE

24時間
ご注文
受付中

TAC 出版 で 検索

https://bookstore.tac-school.co.jp/

- 新刊情報を いち早くチェック!
- たっぷり読める 立ち読み機能
- 学習お役立ちの 特設ページも充実!

TAC出版書籍販売サイト「サイバーブックストア」では、TAC出版および早稲田経営出版から刊行されている、すべての最新書籍をお取り扱いしています。

また、会員登録(無料)をしていただくことで、会員様限定キャンペーンのほか、送料無料サービス、メールマガジン配信サービス、マイページのご利用など、うれしい特典がたくさん受けられます。

サイバーブックストア会員は、特典がいっぱい! (一部抜粋)

通常、1万円(税込)未満のご注文につきましては、送料・手数料として500円(全国一律・税込)頂戴しておりますが、1冊から無料となります。

専用の「マイページ」は、「購入履歴・配送状況の確認」のほか、「ほしいものリスト」や「マイフォルダ」など、便利な機能が満載です。

メールマガジンでは、キャンペーンやおすすめ書籍、新刊情報のほか、「電子ブック版TACNEWS(ダイジェスト版)」をお届けします。

書籍の発売を、販売開始当日にメールにてお知らせします。これなら買い忘れの心配もありません。

日商簿記検定試験対策書籍のご案内

TAC出版の日商簿記検定試験対策書籍は、学習の各段階に対応していますので、あなたの
ステップに応じて、合格に向けてご活用ください!

3タイプのインプット教材

❶

> 簿記を専門的な知識に
> していきたい方向け

● **満点合格を目指し
次の級への土台を築く**

「合格テキスト」

「合格トレーニング」

● 大判のB5判、3級〜1級累計300万部超の、信頼の定番テキスト&トレーニング!
TACの教室でも使用している公式テキストです。3級のみオールカラー。
● 出題論点はすべて網羅しているので、簿記をきちんと学んでいきたい方にぴったりです!
◆3級 □2級 商簿、2級 工簿 ■1級 商・会 各3点、1級 工・原 各3点

❷

> スタンダードにメリハリ
> つけて学びたい方向け

● **教室講義のような
わかりやすさでしっかり学べる**

「簿記の教科書」

「簿記の問題集」

滝澤 ななみ 著

● A5判、4色オールカラーのテキスト(2級・3級のみ)&模擬試験つき問題集!
● 豊富な図解と実例つきのわかりやすい説明で、もうモヤモヤしない!!
◆3級 □2級 商簿、2級 工簿 ■1級 商・会 各3点、1級 工・原 各3点

❸

> 気軽に始めて、早く全体像を
> つかみたい方向け

● **初学者でも楽しく続けられる!**

「スッキリわかる」

テキスト/問題集一体型

滝澤 ななみ 著(1級は商・会のみ)

● 小型のA5判(4色オールカラー)によるテキスト
/問題集一体型。これ一冊でOKの、圧倒的に
人気の教材です。
● 豊富なイラストとわかりやすいレイアウト!か
わいいキャラの「ゴエモン」と一緒に楽しく学
べます。

◆3級 □2級 商簿、2級 工簿
■1級 商・会 4点、1級 工・原 4点

「スッキリうかる本試験予想問題集」

滝澤 ななみ 監修　TAC出版開発グループ 編著

● 本試験タイプの予想問題9回分を掲載
◆3級 □2級

コンセプト問題集

● 得点力をつける!

『みんなが欲しかった! やさしすぎる解き方の本』

B5判 滝澤 ななみ 著

● 授業で解き方を教わっているような新感覚問題集。再受験にも有効。
◆3級 □2級

本試験対策問題集

● 本試験タイプの 問題集

『合格するための 本試験問題集』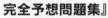
（1級は過去問題集）

B5判

● 12回分（1級は14回分）の問題を収載。ていねいな「解答への道」、各問対策が充実
● 年2回刊行。
◆3級 □2級 ■1級

● 知識のヌケを なくす!

『まるっと 完全予想問題集』
（1級は網羅型完全予想問題集）

A4判

● オリジナル予想問題（3級10回分、2級12回分、1級8回分）で本試験の重要出題パターンを網羅。
● 実力養成にも直前の本試験対策にも有効。
◆3級 □2級 ■1級

直前予想

『○年度試験をあてる
TAC予想模試
＋解き方テキスト
○～○月試験対応』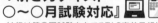
（1級は第○回試験をあてるTAC直前予想模試）

A4判

● TAC講師陣による4回分の予想問題で最終仕上げ。
● 2級・3級は、第1部解き方テキスト編、第2部予想模試編の2部構成。
● 年3回（1級は年2回）、各試験に向けて発行します。
◆3級 □2級 ■1級

あなたに合った合格メソッドをもう一冊!

仕訳 『究極の仕訳集』
B6変型判
● 悩む仕訳をスッキリ整理。ハンディサイズ、一問一答式で基本の仕訳を一気に覚える。
◆3級 □2級

仕訳 『究極の計算と仕訳集』
B6変型判 境 浩一朗 著
● 1級商会で覚えるべき計算と仕訳がすべてつまった1冊!
■1級 商・会

理論 『究極の会計学理論集』
B6変型判
● 会計学の理論問題を論点別に整理、手軽なサイズが便利です。
■1級 商・会、全経上級

電卓 『カンタン電卓操作術』
A5変型判 TAC電卓研究会 編
● 実践的な電卓の操作方法について、丁寧に説明します!

：ネット試験の演習ができる模擬試験プログラムつき（2級・3級）

：スマホで使える仕訳Webアプリつき（2級・3級）

・2024年2月現在 ・刊行内容、表紙等は変更することがあります ・とくに記述がある商品以外は、TAC簿記検定講座編です

書籍の正誤に関するご確認とお問合せについて

書籍の記載内容に誤りではないかと思われる箇所がございましたら、以下の手順にてご確認とお問合せをしてくださいますよう、お願い申し上げます。

なお、正誤のお問合せ以外の**書籍内容に関する解説および受験指導などは、一切行っておりません。**
そのようなお問合せにつきましては、お答えいたしかねますので、あらかじめご了承ください。

1 「Cyber Book Store」にて正誤表を確認する

TAC出版書籍販売サイト「Cyber Book Store」の
トップページ内「正誤表」コーナーにて、正誤表をご確認ください。

CYBER TAC出版書籍販売サイト
BOOK STORE

URL：https://bookstore.tac-school.co.jp/

2 1の正誤表がない、あるいは正誤表に該当箇所の記載がない ⇒ 下記①、②のどちらかの方法で文書にて問合せをする

★ご注意ください★

お電話でのお問合せは、お受けいたしません。

①、②のどちらの方法でも、お問合せの際には、「お名前」とともに、
「対象の書籍名（○級・第○回対策も含む）およびその版数（第○版・○○年度版など）」
「お問合せ該当箇所の頁数と行数」
「誤りと思われる記載」
「正しいとお考えになる記載とその根拠」
を明記してください。

なお、回答までに１週間前後を要する場合もございます。あらかじめご了承ください。

① ウェブページ「Cyber Book Store」内の「お問合せフォーム」より問合せをする

【お問合せフォームアドレス】

https://bookstore.tac-school.co.jp/inquiry/

② メールにより問合せをする

【メール宛先　TAC出版】

syuppan-h@tac-school.co.jp

※土日祝日はお問合せ対応をおこなっておりません。
※正誤のお問合せ対応は、該当書籍の改訂版刊行月末日までといたします。

乱丁・落丁による交換は、該当書籍の改訂版刊行月末日までといたします。なお、書籍の在庫状況等により、お受けできない場合もございます。
また、各種本試験の実施の延期、中止を理由とした本書の返品はお受けいたしません。返金もいたしかねますので、あらかじめご了承くださいますようお願い申し上げます。

（2022年7月現在）

実践問題
答案用紙

答案用紙はダウンロードもご利用いただけます。
TAC出版書籍販売サイト・サイバーブックストアにアクセスしてください。
https://bookstore.tac-school.co.jp/

答案用紙冊子   色紙

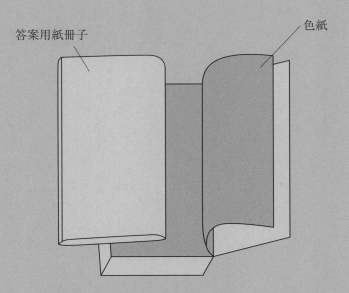

〈答案用紙ご利用時の注意〉
以下の「答案用紙」は、この色紙を残したままていねいに抜き取り、ご使用ください。
また、抜取りの際の損傷についてのお取替えはご遠慮願います。

※本試験では本冊子に収載の「下書きシート」は配布されません。何も書いていない
　下書き用紙（計算用紙）が配布されます。

第1問対策　実践問題（答案用紙）

問題 1

	借　　方		貸　　方	
	記　　号	金　　額	記　　号	金　　額
1	(　　　)		(　　　)	
	(　　　)		(　　　)	
	(　　　)		(　　　)	
	(　　　)		(　　　)	
2	(　　　)		(　　　)	
	(　　　)		(　　　)	
	(　　　)		(　　　)	
	(　　　)		(　　　)	
3	(　　　)		(　　　)	
	(　　　)		(　　　)	
	(　　　)		(　　　)	
	(　　　)		(　　　)	
4	(　　　)		(　　　)	
	(　　　)		(　　　)	
	(　　　)		(　　　)	
	(　　　)		(　　　)	
5	(　　　)		(　　　)	
	(　　　)		(　　　)	
	(　　　)		(　　　)	
	(　　　)		(　　　)	
6	(　　　)		(　　　)	
	(　　　)		(　　　)	
	(　　　)		(　　　)	
	(　　　)		(　　　)	

	( )		( )	
	( )		( )	
7	( )		( )	
	( )		( )	
	( )		( )	
	( )		( )	
8	( )		( )	
	( )		( )	
	( )		( )	
	( )		( )	
9	( )		( )	
	( )		( )	
	( )		( )	
	( )		( )	
10	( )		( )	
	( )		( )	
	( )		( )	
	( )		( )	
11	( )		( )	
	( )		( )	
	( )		( )	
	( )		( )	
12	( )		( )	
	( )		( )	
	( )		( )	
	( )		( )	
13	( )		( )	
	( )		( )	
	( )		( )	

14	( )		( )	
	( )		( )	
	( )		( )	
	( )		( )	
15	( )		( )	
	( )		( )	
	( )		( )	
	( )		( )	

問題 2

	借　　方		貸　　方	
	記　　号	金　　額	記　　号	金　　額
1	（　　）		（　　）	
	（　　）		（　　）	
	（　　）		（　　）	
	（　　）		（　　）	
2	（　　）		（　　）	
	（　　）		（　　）	
	（　　）		（　　）	
	（　　）		（　　）	
3	（　　）		（　　）	
	（　　）		（　　）	
	（　　）		（　　）	
	（　　）		（　　）	
4	（　　）		（　　）	
	（　　）		（　　）	
	（　　）		（　　）	
	（　　）		（　　）	
5	（　　）		（　　）	
	（　　）		（　　）	
	（　　）		（　　）	
	（　　）		（　　）	
6	（　　）		（　　）	
	（　　）		（　　）	
	（　　）		（　　）	
	（　　）		（　　）	
7	（　　）		（　　）	
	（　　）		（　　）	
	（　　）		（　　）	
	（　　）		（　　）	

8	( )		( )	
	( )		( )	
	( )		( )	
	( )		( )	
9	( )		( )	
	( )		( )	
	( )		( )	
	( )		( )	
10	( )		( )	
	( )		( )	
	( )		( )	
	( )		( )	
11	( )		( )	
	( )		( )	
	( )		( )	
	( )		( )	
12	( )		( )	
	( )		( )	
	( )		( )	
	( )		( )	
13	( )		( )	
	( )		( )	
	( )		( )	
	( )		( )	
14	( )		( )	
	( )		( )	
	( )		( )	
	( )		( )	
15	( )		( )	
	( )		( )	
	( )		( )	
	( )		( )	

	借　方		貸　方	
	記　号	金　額	記　号	金　額
1	（　　）		（　　）	
	（　　）		（　　）	
	（　　）		（　　）	
	（　　）		（　　）	
2	（　　）		（　　）	
	（　　）		（　　）	
	（　　）		（　　）	
	（　　）		（　　）	
3	（　　）		（　　）	
	（　　）		（　　）	
	（　　）		（　　）	
	（　　）		（　　）	
4	（　　）		（　　）	
	（　　）		（　　）	
	（　　）		（　　）	
	（　　）		（　　）	
5	（　　）		（　　）	
	（　　）		（　　）	
	（　　）		（　　）	
	（　　）		（　　）	
6	（　　）		（　　）	
	（　　）		（　　）	
	（　　）		（　　）	
	（　　）		（　　）	
7	（　　）		（　　）	
	（　　）		（　　）	
	（　　）		（　　）	
	（　　）		（　　）	

	( )		( )	
8	( )		( )	
	( )		( )	
	( )		( )	
9	( )		( )	
	( )		( )	
	( )		( )	
	( )		( )	
10	( )		( )	
	( )		( )	
	( )		( )	
	( )		( )	
11	( )		( )	
	( )		( )	
	( )		( )	
	( )		( )	
12	( )		( )	
	( )		( )	
	( )		( )	
	( )		( )	
13	( )		( )	
	( )		( )	
	( )		( )	
	( )		( )	
14	( )		( )	
	( )		( )	
	( )		( )	
	( )		( )	
15	( )		( )	
	( )		( )	
	( )		( )	

第2問対策　実践問題（答案用紙）

問題 1

①	②	③	④	⑤
⑥	（　A　）	（　B　）	（　C　）	（　D　）

問題1の下書きシート（必要に応じてご利用ください。試験では下書きシートはつきません）

⑴　期首（4月1日）の仕訳

〔　　　　　　〕（　　　　　　）　〔　　　　　　　　〕（　　　　　　）

⑵　期末（3月31日）の仕訳

①収益・費用の未収・未払い、前受け・前払い

〔　　　　　　〕（　　　　　　）　〔　　　　　　　　〕（　　　　　　）

②損益勘定への振り替え

〔　　　　　　〕（　　　　　　）　〔　　　　　　　　〕（　　　　　　）

仮 払 法 人 税 等

〈　〉 〔　　　　　　〕 (　　　　　　)	〈　〉 〔　　　　　　〕 (　　　　　　)

未 払 法 人 税 等

〈　〉 〔　　　　　　〕 (　　　　　　)	〈　〉 〔　　　　　　〕 (　　　　　　)
〈　〉 〔　　　　　　〕 (　　　　　　)	〈　〉 〔　　　　　　〕 (　　　　　　)
(　　　　　　)	(　　　　　　)

法 人 税 等

〈　〉 〔　　　　　　〕 (　　　　　　)	〈　〉 〔　　　　　　〕 (　　　　　　)

損　　　　　益

3/31	仕　　　　入	2,400,000	3/31	売　　　　上	7,800,000
3/31	その他費用	3,600,000			
〈　〉	〔　　　　　〕	(　　　　)			
〈　〉	〔　　　　　〕	(　　　　)			
		(　　　　)			(　　　　)

問題 2 の下書きシート（必要に応じてご利用ください。試験では下書きシートはつきません）

(1) 前期末（3/31）の仕訳

3/31	〔　　　　　〕 (　　　　)	〔　　　　　〕 (　　　　)
	〔　　　　　〕 (　　　　)	〔　　　　　〕 (　　　　)

(2) 当期の仕訳

5/30	〔　　　　　〕 (　　　　)	〔　　　　　〕 (　　　　)
11/29	〔　　　　　〕 (　　　　)	〔　　　　　〕 (　　　　)
3/31	〔　　　　　〕 (　　　　)	〔　　　　　〕 (　　　　)
	〔　　　　　〕 (　　　　)	〔　　　　　〕 (　　　　)
3/31	〔　　　　　〕 (　　　　)	〔　　　　　〕 (　　　　)
3/31	〔　　　　　〕 (　　　　)	〔　　　　　〕 (　　　　)

問題 3

（ ア ）	（ イ ）	（ ウ ）	（ エ ）	（ A ）

問題 4

補助簿＼取引	7/12	7/18	7/20	7/31
A．現 金 出 納 帳	A	A	A	A
B．当座預金出納帳	B	B	B	B
C．仕 入 帳	C	C	C	C
D．売 上 帳	D	D	D	D
E．売 掛 金 元 帳	E	E	E	E
F．買 掛 金 元 帳	F	F	F	F
G．商 品 有 高 帳	G	G	G	G
H．固 定 資 産 台 帳	H	H	H	H

問題4の下書きシート（必要に応じてご利用ください。試験では下書きシートはつきません）

```
7/12 〔          〕（          ）  〔                    〕（          ）
     〔          〕（          ）  〔                    〕（          ）


 18  〔          〕（          ）  〔                    〕（          ）


 20  〔          〕（          ）  〔                    〕（          ）
     〔          〕（          ）  〔                    〕（          ）


 31  〔          〕（          ）  〔                    〕（          ）
```

10

取引 補助簿	8/10	8/15	8/20	8/25
A. 現 金 出 納 帳	A	A	A	A
B. 当座預金出納帳	B	B	B	B
C. 仕 入 帳	C	C	C	C
D. 売 上 帳	D	D	D	D
E. 売 掛 金 元 帳	E	E	E	E
F. 買 掛 金 元 帳	F	F	F	F
G. 商 品 有 高 帳	G	G	G	G
H. 受取手形記入帳	H	H	H	H
I. 支払手形記入帳	I	I	I	I
J. 固 定 資 産 台 帳	J	J	J	J

問題5の下書きシート（必要に応じてご利用ください。試験では下書きシートはつきません）

8/10　〔　　　　　　　〕（　　　　　　）　〔　　　　　　　〕（　　　　　　）
　　　　〔　　　　　　　〕（　　　　　　）　〔　　　　　　　〕（　　　　　　）

　15　〔　　　　　　　〕（　　　　　　）　〔　　　　　　　〕（　　　　　　）

　20　〔　　　　　　　〕（　　　　　　）　〔　　　　　　　〕（　　　　　　）

　25　〔　　　　　　　〕（　　　　　　）　〔　　　　　　　〕（　　　　　　）

〔問1〕

商 品 有 高 帳
A商品

（移動平均法）

日付		摘　要	受　　入			払　　出			残　　高		
			数　量	単　価	金　額	数　量	単　価	金　額	数　量	単　価	金　額
6	1	前 月 繰 越	20	1,930	38,600				20	1,930	38,600
	14	仕　　　入									
	15	仕 入 戻 し									
	19	売　　　上									
	22	仕　　　入									
	25	売　　　上									

〔問2〕

売上総利益：¥ ☐

12

問題 7

(1)　（　　　　　　　　）記入帳

(2)

取引日	借　　方		貸　　方	
	記　号	金　額	記　号	金　額
2/16	（　　　）		（　　　）	
	（　　　）		（　　　）	
	（　　　）		（　　　）	
	（　　　）		（　　　）	
2/20	（　　　）		（　　　）	
	（　　　）		（　　　）	
	（　　　）		（　　　）	
	（　　　）		（　　　）	
3/16	（　　　）		（　　　）	
	（　　　）		（　　　）	
	（　　　）		（　　　）	
	（　　　）		（　　　）	

問題 8

買掛金元帳の残高（10月31日時点）

田中商事　¥＿＿＿＿＿＿＿＿＿　　　矢島商事　¥＿＿＿＿＿＿＿＿＿

問題 8 の下書きシート（必要に応じてご利用ください。試験では下書きシートはつきません）

```
10/ 3 〔          〕（          ）〔          〕（          ）
   5 〔          〕（          ）〔          〕（          ）
     〔          〕（          ）〔          〕（          ）
   6 〔          〕（          ）〔          〕（          ）
  14 〔          〕（          ）〔          〕（          ）
     〔          〕（          ）〔          〕（          ）
  18 〔          〕（          ）〔          〕（          ）
  22 〔          〕（          ）〔          〕（          ）
  25 〔          〕（          ）〔          〕（          ）
     〔          〕（          ）〔          〕（          ）
```

問題 9

(1)

出 金 伝 票		振 替 伝 票			
科　　目	金　額	借方科目	金　　額	貸方科目	金　　額
（　　）	10,000	（　　）	50,000	（　　）	50,000

(2)

入 金 伝 票		振 替 伝 票			
科　　目	金　額	借方科目	金　　額	貸方科目	金　　額
（　　）	30,000	（　　）	40,000	売　　　　上	40,000

問題 9 の下書きシート（必要に応じてご利用ください。試験では下書きシートはつきません）

(1)　①取引の仕訳：〔　　　　　〕（　　　　）〔　　　　　　〕（　　　　）

　　　　　　　　　　〔　　　　　〕（　　　　）〔　　　　　　〕（　　　　）

　　　②伝票の仕訳

　　　　　出金伝票：〔　　　　　〕（　　　　）〔　　　　　　〕（　　　　）

　　　　　振替伝票：〔　　　　　〕（　　　　）〔　　　　　　〕（　　　　）

(2)　①取引の仕訳：〔　　　　　〕（　　　　）〔　　　　　　〕（　　　　）

　　　　　　　　　　〔　　　　　〕（　　　　）〔　　　　　　〕（　　　　）

　　　②伝票の仕訳

　　　　　入金伝票：〔　　　　　〕（　　　　）〔　　　　　　〕（　　　　）

　　　　　振替伝票：〔　　　　　〕（　　　　）〔　　　　　　〕（　　　　）

問題 10

①	②	③	④	⑤

⑥	A	B	C

問題10の下書きシート（必要に応じてご利用ください。試験では下書きシートはつきません）

(1) ●取引の仕訳：〔　　　　　　　〕（　　　　　）〔　　　　　　　〕（　　　　　）
　　　　　　　　　　〔　　　　　　　〕（　　　　　）〔　　　　　　　〕（　　　　　）

　　●伝票の仕訳
　　　出金伝票：〔　　　　　　　〕（　　　　　）〔　　　　　　　〕（　　　　　）
　　　振替伝票：〔　　　　　　　〕（　　　　　）〔　　　　　　　〕（　　　　　）

(2) ●取引の仕訳：〔　　　　　　　〕（　　　　　）〔　　　　　　　〕（　　　　　）
　　　　　　　　　　〔　　　　　　　〕（　　　　　）〔　　　　　　　〕（　　　　　）

　　●伝票の仕訳
　　　入金伝票：〔　　　　　　　〕（　　　　　）〔　　　　　　　〕（　　　　　）
　　　振替伝票：〔　　　　　　　〕（　　　　　）〔　　　　　　　〕（　　　　　）
　　　　　　　　　〔　　　　　　　〕（　　　　　）〔　　　　　　　〕（　　　　　）

15

問題 11

仕 訳 日 計 表

×5年8月1日   28

借　方	元丁	勘定科目	元丁	貸　方
		現　　　　金		
		売　掛　金		
		仮　払　金		
省		貸　付　金	省	
		支　払　手　形		
略		買　掛　金	略	
		売　　　　上		
		仕　　　　入		

総 勘 定 元 帳

売　掛　金   3

×5年	摘　要	仕丁	借　方	貸　方	借／貸	残　高
8　1	前月繰越	✓	390,000		借	390,000
〃	仕訳日計表	省				
〃	〃	略				

買　掛　金   18

×5年	摘　要	仕丁	借　方	貸　方	借／貸	残　高
8　1	前月繰越	✓		271,500	貸	271,500
〃	仕訳日計表	省				
〃	〃	略				

16

問題 **11** の下書きシート（必要に応じてご利用ください。試験では下書きシートはつきません）

(1)　入金伝票の仕訳

　　No._____〔　　　　　　　　〕（　　　　　　）■〔　　　　　　　　〕（　　　　　　）■

　　No._____〔　　　　　　　　〕（　　　　　　）■〔　　　　　　　　〕（　　　　　　）■

　　No._____〔　　　　　　　　〕（　　　　　　）■〔　　　　　　　　〕（　　　　　　）■

(2)　出金伝票の仕訳

　　No._____〔　　　　　　　　〕（　　　　　　）■〔　　　　　　　　〕（　　　　　　）■

　　No._____〔　　　　　　　　〕（　　　　　　）■〔　　　　　　　　〕（　　　　　　）■

　　No._____〔　　　　　　　　〕（　　　　　　）■〔　　　　　　　　〕（　　　　　　）■

(3)　振替伝票の仕訳

　　No._____〔　　　　　　　　〕（　　　　　　）■〔　　　　　　　　〕（　　　　　　）■

　　No._____〔　　　　　　　　〕（　　　　　　）■〔　　　　　　　　〕（　　　　　　）■

　　No._____〔　　　　　　　　〕（　　　　　　）■〔　　　　　　　　〕（　　　　　　）■

　　No._____〔　　　　　　　　〕（　　　　　　）■〔　　　　　　　　〕（　　　　　　）■

　　No._____〔　　　　　　　　〕（　　　　　　）■〔　　　　　　　　〕（　　　　　　）■

問題 1

損 益 計 算 書
×4年4月1日から×5年3月31日まで　　　　　　　（単位：円）

費　　用	金　　額	収　　益	金　　額
売 上 原 価	（　　　　　　）	売 上 高	（　　　　　　）
給　　　　料	（　　　　　　）	受 取 家 賃	（　　　　　　）
旅 費 交 通 費	（　　　　　　）	受 取 利 息	（　　　　　　）
消 耗 品 費	（　　　　　　）		
保 険 料	（　　　　　　）		
貸倒引当金繰入	（　　　　　　）		
減 価 償 却 費	（　　　　　　）		
法 人 税 等	（　　　　　　）		
当 期 純（　　）	（　　　　　　）		
	（　　　　　　）		（　　　　　　）

貸 借 対 照 表
×5年3月31日　　　　　　　　　　　　　　（単位：円）

資　　産	金　　額	負債・純資産	金　　額
現　　　　金	（　　　　　　）	支 払 手 形	（　　　　　　）
普 通 預 金	（　　　　　　）	買 掛 金	（　　　　　　）
受 取 手 形	（　　　　）	前 受 金	（　　　　　　）
売 掛 金	（　　　　）	未 払 金	（　　　　　　）
貸 倒 引 当 金	（　　　）（　　　　）	未 払 法 人 税 等	（　　　　　　）
商　　　　品	（　　　　　　）	借 入 金	（　　　　　　）
未 収 収 益	（　　　　　　）	資 本 金	（　　　　　　）
前 払 費 用	（　　　　　　）	繰越利益剰余金	（　　　　　　）
貸 付 金	（　　　　　　）		
建　　　　物	（　　　　）		
減価償却累計額	（　　　）（　　　　）		
備　　　　品	（　　　　）		
減価償却累計額	（　　　）（　　　　）		
	（　　　　　　）		（　　　　　　）

●タイムテーブル

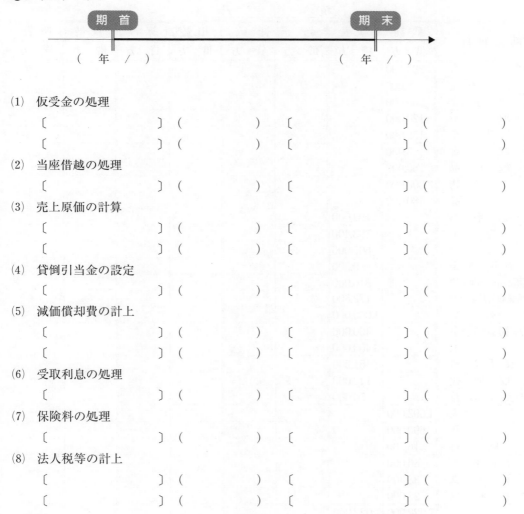

(1) 仮受金の処理

〔　　　　　　　　〕（　　　　　　　　）〔　　　　　　　　　　〕（　　　　　　　　）

〔　　　　　　　　〕（　　　　　　　　）〔　　　　　　　　　　〕（　　　　　　　　）

(2) 当座借越の処理

〔　　　　　　　　〕（　　　　　　　　）〔　　　　　　　　　　〕（　　　　　　　　）

(3) 売上原価の計算

〔　　　　　　　　〕（　　　　　　　　）〔　　　　　　　　　　〕（　　　　　　　　）

〔　　　　　　　　〕（　　　　　　　　）〔　　　　　　　　　　〕（　　　　　　　　）

(4) 貸倒引当金の設定

〔　　　　　　　　〕（　　　　　　　　）〔　　　　　　　　　　〕（　　　　　　　　）

(5) 減価償却費の計上

〔　　　　　　　　〕（　　　　　　　　）〔　　　　　　　　　　〕（　　　　　　　　）

〔　　　　　　　　〕（　　　　　　　　）〔　　　　　　　　　　〕（　　　　　　　　）

(6) 受取利息の処理

〔　　　　　　　　〕（　　　　　　　　）〔　　　　　　　　　　〕（　　　　　　　　）

(7) 保険料の処理

〔　　　　　　　　〕（　　　　　　　　）〔　　　　　　　　　　〕（　　　　　　　　）

(8) 法人税等の計上

〔　　　　　　　　〕（　　　　　　　　）〔　　　　　　　　　　〕（　　　　　　　　）

〔　　　　　　　　〕（　　　　　　　　）〔　　　　　　　　　　〕（　　　　　　　　）

精　算　表

勘定科目	残 高 試 算 表		修 正 記 入		損 益 計 算 書		貸 借 対 照 表	
	借　方	貸　方	借　方	貸　方	借　方	貸　方	借　方	貸　方
現　　　　　金	224,100							
現 金 過 不 足	2,000							
当 座 預 金	309,600							
受 取 手 形	120,000							
売 掛 金	152,000							
未 収 入 金	3,000							
繰 越 商 品	180,000							
建　　　　　物	3,000,000							
備　　　　　品	480,000							
支 払 手 形		194,000						
買 掛 金		193,400						
借 入 金		600,000						
貸 倒 引 当 金		9,500						
建物減価償却累計額		810,000						
備品減価償却累計額		172,800						
資 本 金		1,000,000						
繰越利益剰余金		400,000						
売　　　　　上		3,400,000						
受 取 手 数 料		51,200						
受 取 地 代		142,000						
固定資産売却益		50,000						
仕　　　　　入	1,693,000							
給　　　　　料	690,000							
保 険 料	16,800							
広 告 宣 伝 費	86,000							
租 税 公 課	38,400							
支 払 利 息	28,000							
	7,022,900	7,022,900						
雑 （　　　）								
貯 蔵 品								
貸倒引当金繰入								
減 価 償 却 費								
（　　　） 保険料								
（　　　） 利 息								
（　　　） 手数料								
（　　　） 地 代								
当 期 純 （　　　）								

●タイムテーブル

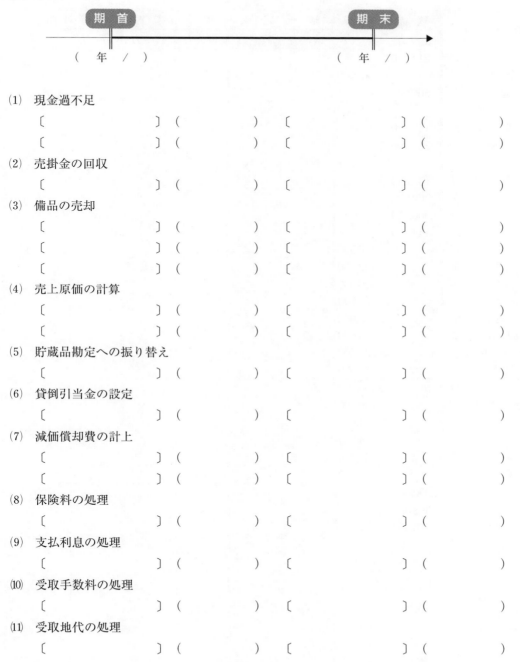

(1) 現金過不足

〔　　　　　　　〕（　　　　　　　）〔　　　　　　　〕（　　　　　　　）

〔　　　　　　　〕（　　　　　　　）〔　　　　　　　〕（　　　　　　　）

(2) 売掛金の回収

〔　　　　　　　〕（　　　　　　　）〔　　　　　　　〕（　　　　　　　）

(3) 備品の売却

〔　　　　　　　〕（　　　　　　　）〔　　　　　　　〕（　　　　　　　）

〔　　　　　　　〕（　　　　　　　）〔　　　　　　　〕（　　　　　　　）

〔　　　　　　　〕（　　　　　　　）〔　　　　　　　〕（　　　　　　　）

(4) 売上原価の計算

〔　　　　　　　〕（　　　　　　　）〔　　　　　　　〕（　　　　　　　）

〔　　　　　　　〕（　　　　　　　）〔　　　　　　　〕（　　　　　　　）

(5) 貯蔵品勘定への振り替え

〔　　　　　　　〕（　　　　　　　）〔　　　　　　　〕（　　　　　　　）

(6) 貸倒引当金の設定

〔　　　　　　　〕（　　　　　　　）〔　　　　　　　〕（　　　　　　　）

(7) 減価償却費の計上

〔　　　　　　　〕（　　　　　　　）〔　　　　　　　〕（　　　　　　　）

〔　　　　　　　〕（　　　　　　　）〔　　　　　　　〕（　　　　　　　）

(8) 保険料の処理

〔　　　　　　　〕（　　　　　　　）〔　　　　　　　〕（　　　　　　　）

(9) 支払利息の処理

〔　　　　　　　〕（　　　　　　　）〔　　　　　　　〕（　　　　　　　）

(10) 受取手数料の処理

〔　　　　　　　〕（　　　　　　　）〔　　　　　　　〕（　　　　　　　）

(11) 受取地代の処理

〔　　　　　　　〕（　　　　　　　）〔　　　　　　　〕（　　　　　　　）

精　算　表

勘定科目	残高試算表		修正記入		損益計算書		貸借対照表	
	借　方	貸　方	借　方	貸　方	借　方	貸　方	借　方	貸　方
現　　　　　金	214,600							
現 金 過 不 足		3,000						
普 通 預 金	560,000							
当 座 預 金		50,000						
受 取 手 形	140,000							
売 掛 金	282,000							
繰 越 商 品	132,000							
貸 付 金	200,000							
建　　　　　物	1,000,000							
備　　　　　品	144,000							
支 払 手 形		150,500						
買 掛 金		132,700						
借 入 金		120,000						
前 受 金		22,000						
未 払 金		5,000						
貸 倒 引 当 金		5,600						
建物減価償却累計額		399,000						
備品減価償却累計額		57,600						
資 本 金		1,200,000						
繰越利益剰余金		126,000						
売　　　　　上		3,664,400						
受 取 手 数 料		4,200						
受 取 家 賃		168,000						
受 取 利 息		5,000						
仕　　　　　入	2,990,000							
給　　　　　料	398,000							
水 道 光 熱 費	50,000							
支 払 利 息	2,400							
	6,113,000	6,113,000						
雑 （　　　　）								
貸倒引当金繰入								
減 価 償 却 費								
前 受（　　　）								
（　　　）利 息								
（　　　）家 賃								
当 期 純（　　　）								

●タイムテーブル

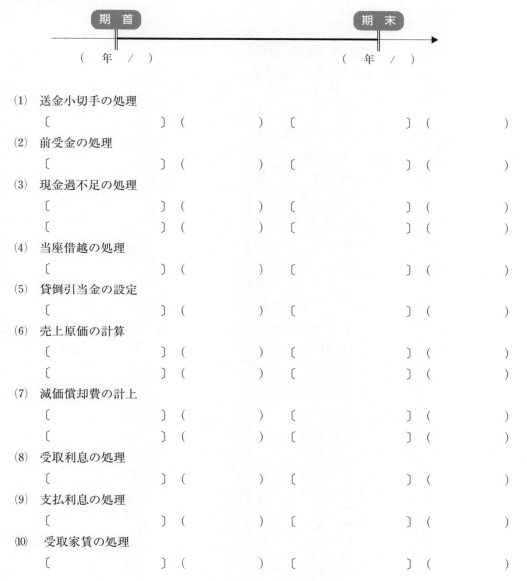

　期　首　　　　　　　　　　　　　　　　期　末

（　　年　／　　）　　　　　　　　（　　年　／　　）

(1) 送金小切手の処理

〔　　　　　　　〕（　　　　　　　）〔　　　　　　　〕（　　　　　　　）

(2) 前受金の処理

〔　　　　　　　〕（　　　　　　　）〔　　　　　　　〕（　　　　　　　）

(3) 現金過不足の処理

〔　　　　　　　〕（　　　　　　　）〔　　　　　　　〕（　　　　　　　）

〔　　　　　　　〕（　　　　　　　）〔　　　　　　　〕（　　　　　　　）

(4) 当座借越の処理

〔　　　　　　　〕（　　　　　　　）〔　　　　　　　〕（　　　　　　　）

(5) 貸倒引当金の設定

〔　　　　　　　〕（　　　　　　　）〔　　　　　　　〕（　　　　　　　）

(6) 売上原価の計算

〔　　　　　　　〕（　　　　　　　）〔　　　　　　　〕（　　　　　　　）

〔　　　　　　　〕（　　　　　　　）〔　　　　　　　〕（　　　　　　　）

(7) 減価償却費の計上

〔　　　　　　　〕（　　　　　　　）〔　　　　　　　〕（　　　　　　　）

〔　　　　　　　〕（　　　　　　　）〔　　　　　　　〕（　　　　　　　）

(8) 受取利息の処理

〔　　　　　　　〕（　　　　　　　）〔　　　　　　　〕（　　　　　　　）

(9) 支払利息の処理

〔　　　　　　　〕（　　　　　　　）〔　　　　　　　〕（　　　　　　　）

(10) 受取家賃の処理

〔　　　　　　　〕（　　　　　　　）〔　　　　　　　〕（　　　　　　　）

問1

決算整理後残高試算表

×6年3月31日

借　　方	勘　定　科　目	貸　　方
	現　　　　　金	
	普　通　預　金	
	売　　掛　　金	
	繰　越　商　品	
	貯　　蔵　　品	
	（　　　）家　賃	
	備　　　　　品	
	買　　掛　　金	
	（　　　）利　息	
	（　　　）消費税	
	未 払 法 人 税 等	
	貸 倒 引 当 金	
	借　　入　　金	
	備品減価償却累計額	
	資　　本　　金	
	繰越利益剰余金	
	売　　　　　上	
	仕　　　　　入	
	支　払　家　賃	
	租　税　公　課	
	雑　　（　　　　）	
	貸 倒 引 当 金 繰 入	
	減　価　償　却　費	
	支　払　利　息	
	法　人　税　等	
	そ の 他 の 費 用	

問2　（¥　　　　　　　）

問題4の下書きシート（必要に応じてご利用ください。試験では下書きシートはつきません）

●タイムテーブル

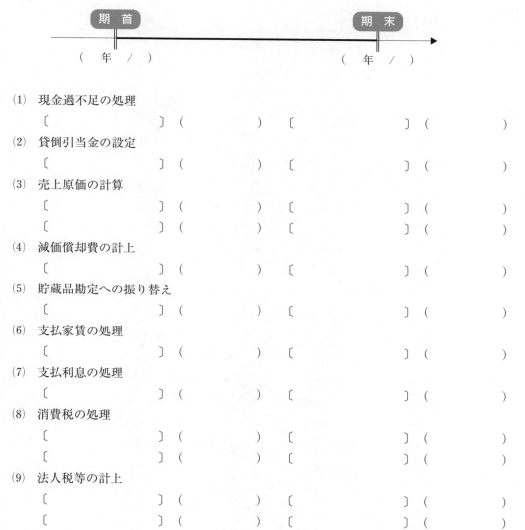

(1) 現金過不足の処理

〔　　　　　　　　〕（　　　　　　　　）〔　　　　　　　　　〕（　　　　　　　　）

(2) 貸倒引当金の設定

〔　　　　　　　　〕（　　　　　　　　）〔　　　　　　　　　〕（　　　　　　　　）

(3) 売上原価の計算

〔　　　　　　　　〕（　　　　　　　　）〔　　　　　　　　　〕（　　　　　　　　）

〔　　　　　　　　〕（　　　　　　　　）〔　　　　　　　　　〕（　　　　　　　　）

(4) 減価償却費の計上

〔　　　　　　　　〕（　　　　　　　　）〔　　　　　　　　　〕（　　　　　　　　）

(5) 貯蔵品勘定への振り替え

〔　　　　　　　　〕（　　　　　　　　）〔　　　　　　　　　〕（　　　　　　　　）

(6) 支払家賃の処理

〔　　　　　　　　〕（　　　　　　　　）〔　　　　　　　　　〕（　　　　　　　　）

(7) 支払利息の処理

〔　　　　　　　　〕（　　　　　　　　）〔　　　　　　　　　〕（　　　　　　　　）

(8) 消費税の処理

〔　　　　　　　　〕（　　　　　　　　）〔　　　　　　　　　〕（　　　　　　　　）

〔　　　　　　　　〕（　　　　　　　　）〔　　　　　　　　　〕（　　　　　　　　）

(9) 法人税等の計上

〔　　　　　　　　〕（　　　　　　　　）〔　　　　　　　　　〕（　　　　　　　　）

〔　　　　　　　　〕（　　　　　　　　）〔　　　　　　　　　〕（　　　　　　　　）

MEMO

MEMO